Geliebte Gabi

Ein Mädchen aus dem Allgäu –
ermordet in Auschwitz

W0337357

**Katalog zur Ausstellung –
mit pädagogischen Handreichungen**

Regina Gropper / Leo Hiemer

Inhaltsverzeichnis

Gabi

steht für 1,5 Millionen unschuldiger Kinder

„Diese Ausstellung ist besonders wertvoll. Ich bin Schirmherr dieser Ausstellung. Warum? Weil ‚Geliebte Gabi' ein dramatisches Beispiel ist für das, was in der Nazi-Zeit auch bei uns hier in der Region passiert ist: dieses sechsjährige jüdische Mädchen, deportiert nach Auschwitz, steht für 1,5 Millionen unschuldiger Kinder, die ermordet wurden. Wir müssen auch in der heutigen Zeit diese Ausstellung, aber auch das Buch von Leo Hiemer, das ein literarischer Glücksfall ist, mit unserer Jugend diskutieren. Sowas darf nie, nie mehr passieren! Wir müssen den Anfängen, Radikalismus und Extremismus in unserer Gesellschaft, entschieden entgegentreten. Mit dieser Ausstellung wird ein ganz wichtiger Akzent gesetzt. Herzlichen Dank allen, die sich engagieren, aber ganz besonders der Kuratorin, Frau Gropper, und Leo Hiemer und Ihnen, dass Sie Ihr Interesse und Ihr Engagement zeigen!"

Schirmherr Dr. Gerd Müller, Bundesminister für wirtschaftliche Zusammenarbeit und Entwicklung sowie Bundestagsabgeordneter für Kempten, Lindau und Oberallgäu bei der Ausstellungseröffnung in Marktoberdorf am 9. Oktober 2019.

Gabi –
Vorwort von Leo Hiemer

Das erste Mal von Gabi hörte ich 1987. In der Zeitung las ich von einem kleinen Mädchen, das in Stiefenhofen aufgewachsen und in Auschwitz ermordet worden sei, weil es als jüdisch galt. Stiefenhofen kannte ich ganz gut – meine Mutter ist dort aufgewachsen und ich war oft bei den Großeltern in Ferien. Stiefenhofen war ein beschauliches Dorf. Jetzt fiel ein Schatten auf mein Kindheitsparadies. Ich konnte mir nicht vorstellen, dass sich hier ein Drama um ein kleines Kind abgespielt haben sollte. Ich fragte meine Mutter, die vier Jahre älter war als Gabi, ob sie das Kind gekannt habe. Immerhin lebten sie im selben Dorf, und meine Mutter war schon zehn, als Gabi ihrer Heimat für immer Lebewohl sagen musste. „Natürlich habe ich die Gabi gekannt! Ich habe sie immer beneidet um ihre hübschen Locken!" Mir zog es den Boden unter den Füßen weg... Warum hatte sie nie etwas von Gabi erzählt? „Niemand will mehr etwas davon hören!" war ihre lapidare Erklärung. Tatsächlich dauerte das Schweigen über Gabis Schicksal 40 Jahre, bis 1983 der Pfarrer in der Dorfchronik ein „jüdisches Pflegekind" bei der Familie Aichele erwähnte, das Opfer des Rassenwahns der Nationalsozialisten geworden sei. 1984 widmete Gernot Römer Gabi ein ganzes Kapitel in seinem Buch „Die Vergessenen". Er recherchierte in Archiven, sprach mit Zeitzeugen und veröffentlichte erstmals Fotos von Gabi. Ein „Erinnerungskreis Gabriele" wollte eine Gedenktafel für das Kind und seine Mutter an der Kirche von Stiefenhofen anbringen. Beide waren getauft. Doch es gab Streit zwischen dem Erinnerungskreis und Bürgermeister, Pfarrer und Gemeindeangehörigen. Sie argwöhnten, man wolle die Gemeinde in ein schlechtes Licht rücken. Statt einer Gedenktafel wurde Gabi in der renovierten Pestkapelle ein Glasfenster gewidmet: dort wurde neben Pater Maximilian Kolbe vor einem stilisierten KZ ein allerdings namenloses Mädchen mit einem Judenstern dargestellt. Die Gedenktafel wurde 1994 in der Spinnerkapelle im benachbarten Oberstaufen aufgehängt. Erst 2020 konnte die Gedenktafel endlich an der Kirche in Stiefenhofen angebracht werden.

Trotz des Gedenktafelstreits gelang es mir mit Hilfe meiner Mutter, Zeitzeugen zum Reden zu bringen. Ergebnis war 1989 eine einstündige Radiosendung für den Südwestfunk: „Niemand will davon hören. Ein vernichtetes Kind kehrt zurück." Dann schrieb ich ein Drehbuch für einen Spielfilm nach Gabis Geschichte: „Leni ... muss fort". Der Film wurde 1993 gedreht. 1994 brachte ich ihn mit einem eigens gegründeten Verleih in die Kinos. Viele Male begleitete ich den Film und stand dem Publikum Rede und Antwort, auch bei etlichen Schulveranstaltungen. Der Film erhielt das Prädikat „besonders wertvoll" und eine Reihe von Preisen auf internationalen Filmfestivals. Er lief sogar im Fernsehen auf arte und im Ersten – dort allerdings zu nachtschlafener Zeit.

2009 begann, angeregt von dem Lehrer Albert Eichmeier in Kempten, eine neue Runde der Recherche. Mittlerweile waren Schutzfristen in Archiven abgelaufen, und das Internet ermöglichte es, bislang unbekannte Dokumente aufzuspüren. Die Ergebnisse meiner Nachforschungen veröffentlichte ich 2019 unter dem Titel „Gabi (1937–1943). Geboren im Allgäu. Ermordet in Auschwitz" im Metropol-Verlag Berlin. Das Buch wurde von der Bundeszentrale für politische Bildung in ihre Schriftenreihe aufgenommen.

Im selben Jahr wurde auch unsere Ausstellung „Geliebte Gabi. Ein Mädchen aus dem Allgäu – ermordet in Auschwitz" eröffnet. Mit Hilfe einer Förderung des Bundesamtes für Landwirtschaft und Ernährung im Programm LandKULTUR sowie der Bezirk Schwaben Stiftung für Kultur und Bildung kann Gabis Schicksal nun mit Exponaten, Dokumenten und vielen Fotos sowie in Hör- und Videostationen präsentiert werden.

Wir entwickelten auch eine „digitale Ausstellung", die aus Video-Clips zur Ausstellung auf unserem YouTube-Kanal Geliebte Gabi besteht und auch social-media-Auftritte auf facebook und instagram umfasst.

Die Ausstellung – Einführung von Regina Gropper M. A., Kuratorin

Gabriele Schwarz wurde 1937 in Marktoberdorf geboren. Ihre Mutti gab sie in die Obhut einer fürsorglichen, liebenden Pflegefamilie in Stiefenhofen, Westallgäu. Sie wurde von der Bauernfamilie Aichele angenommen wie ein eigenes Kind. So hatte Gabi eine Mutti und bekam noch eine Mama und einen Papa dazu. Mutti Lotte kam regelmäßig nach Stiefenhofen, um ihre geliebte Gabi zu sehen. Auf dem Aichelehof waren die beiden glücklich. Doch die Idylle trog. Gabriele Schwarz war fünf Jahre alt, als sie das Allgäu verlassen musste und in Auschwitz ermordet wurde.

Als Kuratorin stellte ich Gabis Lebensgeschichte in den Mittelpunkt. Diese Ausstellung sollte keine graue Ausstellung über den Nationalsozialismus sein, sondern über ein Kind, dem unfassbares Unrecht geschehen ist. Diesem kleinen Mädchen sollte die gesamte Aufmerksamkeit gehören.

Eine Ausstellung zu einem Mädchen, das gerade mal fünf Jahre alt wurde und seinen Heimatort Stiefenhofen nie verlassen hat – außer für die Fahrt in den Tod – ist ein gewagtes Projekt.

Doch ihr kurzes Leben ist außerordentlich gut dokumentiert. Kleidung, Spielsachen, Skier und über 180 Fotografien von Gabi sind erhalten. Zeitzeugen, wie ihre „Pflegeschwester" Resi, erinnern sich noch lebhaft an ihre Zeit mit Gabriele auf dem Bauernhof in Stiefenhofen.

Leo Hiemer hat sich Gabis Geschichte angenommen. Ende der 1980er Jahre begann seine umfangreiche Recherche zu Gabriele Schwarz. 1994 erschien sein Spielfilm „Leni ... muss fort", der Gabis Lebensgeschichte erzählt. Seither hat ihn das Schicksal des Mädchens nicht mehr losgelassen.

Ein Buch und diese Ausstellung folgten. Ihre Basis bilden fünf Stationen, die auch stellvertretend für die fünf Lebensjahre der kleinen Gabi stehen. Auf der Vorderseite der Stelen ist immer Gabi zu sehen. Beim Betrachten der Fotos des unschuldigen, kleinen, blonden Mädchens auf dem Bauernhof in der Geborgenheit ihrer Familie spürt man: Alle haben das kleine Mädchen geliebt. Auf der Rückseite der Stationen findet man Hintergrundinformationen.

In der ersten Station geht es um Gabis Herkunft. Gabis Mutter stammt aus einer gut situierten jüdischen Familie in Augsburg. Station zwei berichtet von Gabis Pflegefamilie Aichele in Stiefenhofen und dem Leben auf dem Bauernhof. Die dritte Station schildert die Bemühungen von Gabis Mutti, mit ihrer Tochter Deutschland zu verlassen, sowie die Versuche, das Kind zu retten. Darauf folgt eine Hörstation, die von Gabis Schicksal berichtet. Hier gibt es keine Exponate. Ein Familienfoto, das dem Kind zum Abschied mitgegeben wurde, belegt den Verlust. Gabi war fort. Sie wurde nach Auschwitz deportiert. Station fünf ist die Erinnerungsstation, die uns begreifen lässt: Gabi lebt, solange wir uns an sie erinnern.

Gabis kurze Lebensgeschichte steht stellvertretend für 1,5 Millionen Kinder, die während des Dritten Reichs von den Nationalsozialisten ermordet wurden. Von kaum einem anderem dieser Kinder ist so viel erhalten wie von Gabi. Mit seinem Lebensprojekt „Gabriele Schwarz" hat Leo Hiemer es geschafft, dass die Erinnerung an Gabi nicht erlischt. Gabi gibt den ermordeten Kindern von Auschwitz ein Gesicht.

Dokumentation der Ausstellung

Wir sehen ein kleines Mädchen, das inmitten einer paradiesischen Landschaft aufwächst, behütet und geliebt. Gabi ist ein ganz normales Mädchen aus dem Allgäu. Es wird als kleiner Sonnenschein beschrieben, ein liebes und braves Mädchen. Und so erleben wir sie auch auf den Fotografien. Blond, blauäugig und proper schaut sie in die Kamera, fröhlich und immer voll Vertrauen, als sei sie noch nie enttäuscht worden.

Von ihren Pflegeeltern, dem Ehepaar Aichele, wird die kleine Gabi geliebt wie ein eigenes Kind. Ihre Mutter Lotte, eine Jüdin aus Augsburg, besucht ihre kleine Tochter so oft es nur geht. Sie bringt einen Fotoapparat auf den Hof, mit dem das Aufwachsen der Kleinen dokumentiert werden soll. Und Anna Aichele, die älteste Tochter, nimmt diese Aufgabe ernst. Kaum ein Kind auf einem Bauernhof jener Zeit wurde wohl so oft fotografiert wie Gabi.

Nur ein Foto in dieser Ausstellung wurde sicher nicht mit dieser Kamera gemacht – das Foto für die Judenkartei. Für diese Aufnahme wird Gabi extra zum Fotografen nach Oberstaufen gebracht.

I.

Gabis Mutti und ihre jüdische Familie

Lotte – Gabis Mutti

Charlotte Margarete Eckart geb. Schwarz
*** 26. April 1904 in Augsburg**
Konfession: jüdisch, ab 1937 katholisch

Lotte ist eine moderne Frau. Nach Schule und Ausbildung arbeitet sie drei Jahre als Sekretärin in Spanien. Ihr von Natur aus rotblondes Haar färbt sie dunkel. Ihre Sommersprossen deckt sie mit Schminke ab. Lotte ist sportlich und eine begeisterte Skifahrerin.

1933 heiratet Lotte in München den katholischen Geschäftsmann Wilhelm Eckart, einen ehemaligen Hauptmann. Doch er stirbt schon ein Jahr später. 1935 arbeitet Lotte als Atemlehrerin in Bad Wörishofen. 1936 eröffnet sie im Fürstentum Liechtenstein die Atemschule „Juventus". Schon kurz nach der Ankunft wird sie schwanger. Den Namen des Vaters behält sie für sich. Ostern 1937 muss Lotte Liechtenstein verlassen. Sie ist im siebten Monat schwanger.

Rosalia Häringer
mit der kleinen Gabi

Lotte wendet sich an Rosalia Häringer in Marktoberdorf, ehemalige Köchin bei der Familie Schwarz. Rosalia kümmert sich um die hochschwangere Lotte und vermittelt ihr eine Bleibe.

Lotte will jetzt getauft werden. Als man eine Empfehlung verlangt, wendet sie sich an Kardinal Michael von Faulhaber in München. Daraufhin wird Lotte umgehend getauft, keine zwei Wochen später auch ihre Tochter Gabi. Taufpatin ist bei beiden Rosalia.

Familie Schwarz

Gabis Mutter Lotte ist die jüngste von drei Töchtern der Familie Karl und Anna Schwarz. Gabis Großeltern sind Mitglieder der Israelitischen Kultusgemeinde.
Sie besitzen ein Anwesen in Augsburg mit einem Eisenwarenladen, einer Gaststätte sowie 20 Wohnungen – eine gut situierte deutsche Familie jüdischen Glaubens.

Drei Generationen einer Familie: Gabi mit ihrer Mutter Lotte und Großmutter Anna Schwarz.

Wie ihre beiden großen Schwestern Emmy und Hansi besucht Lotte die evangelische „A. B von Stetten'sche Höhere Mädchenschule und Erziehungsanstalt". Dort lernen sie zusammen mit christlichen Kindern. Jüdischen Religionsunterricht erhalten sie in der Synagoge.

Das Anwesen der Familie Schwarz am Predigerberg 9 in Augsburg (rechts im Bild).

(Erzbischöfliches Archiv München, Nachlass Faulhaber, Fotosammlung 2226)

Kardinal Michael von Faulhaber

Kardinal Michael von Faulhaber, Erzbischof von München und Freising, kannte und schätzte Lottes verstorbenen Ehemann Wilhelm Eckart aus dem Ersten Weltkrieg. Schon 1935 spricht Lotte bei Faulhaber wegen der Taufe vor. Doch erst am 12. Mai 1937 wird sie in Marktoberdorf getauft – auf persönliche Empfehlung des Münchner Kardinals. Lotte setzt alle Hoffnung auf die Kirche und den Kardinal. Faulhaber nimmt sich ihrer väterlich an. Der Kardinal dokumentiert 14 persönliche Unterredungen mit Lotte in seinem Tagebuch, auch Korrespondenz ist erhalten.

Familie Schwarz –
Schicksal einer jüdischen Familie aus Augsburg

Eisenwaren-geschäft Schwarz

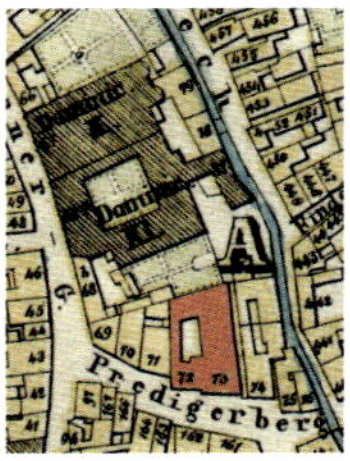

Das Anwesen der Familie Schwarz (rot gekennzeichnet)

Die drei Schwarz-Töchter Emmy, Hansi und Lotte

Bahnhofstraße

Hermann-straße 1

Höhere Schule für Mädchen

Gabis Großmutter Anna Schwarz entstammt einer Kaufmannsfamilie aus Wolfhagen in Hessen.

1894 heiratet sie in der Mainzer Synagoge Karl Schwarz aus Augsburg. Karl Schwarz erwirbt 1899 ein stattliches Anwesen am Predigerberg, in dem er ein Eisenwaren-geschäft betreibt.

1894

Familie Schwarz lebt zunächst in der Bahnhofstr. 18, wo alle drei Töchter auf die Welt kommen.

Ab 1906 wohnt die Familie in der Hermannstr. 1, direkt am Königsplatz, ab 1920 in der noblen Schaezlerstr. 13.

1920

Die drei Töchter Emilie (Emmy), Johanna Hilde (Hansi) und Charlotte Margarete (Lotte) besuchen das „Von Stetten", eine höhere Schule für Mädchen.

1926 verstirbt Karl Schwarz. Das Eisenwarengeschäft wird verpachtet. Anna Schwarz ist jetzt Witwe.

1926

Die Machtübernahme der National-sozialisten bleibt nicht ohne Folgen für die jüdische Familie Schwarz.

1934 muss Emmy mit ihrem zweiten Mann nach Paris emigrieren.

1936 zieht Anna Schwarz in die Gesundbrunnen-straße 3.

1936

von links nach rechts:
Emmy, Lotte, Mutter Anna Schwarz und Hansi

Tante Hansi mit René 1928

Gabi mit Groß-mutter Anna auf dem Aichele Hof

Gesundbrunnen-straße 3

Anna Schwarz

1937 bringt die geschiedene Hansi ihren Sohn René aus Berlin nach Kroatien in Sicherheit.

Im gleichen Jahr bekommt Lotte eine kleine Tochter: Gabi. Sie gibt das Mädchen bei einer liebevollen Familie in dem kleinen Ort Stiefenhofen im Allgäu in Pflege.

1937

Nachdem man ihr alles genommen hat und ihr die Wohnung gekündigt wird, nimmt Anna Schwarz 1939 in der Gesundbrunnen-straße 3 Gift.

1939

1941 flieht Emmy mit ihrem Mann vor den Nationalsozialisten nach New York.

Im gleichen Jahr werden Hansi und Lotte verhaftet, ins KZ gesteckt und kurz darauf ermordet. Im Jahr darauf auch die kleine Gabi.

1941

Nach dem Krieg steigt Emmys Mann zum Leiter der Gesundheitsbehörde in Hamburg auf.

Hansis Sohn René kehrt als Kriegs-blinder nach Deutschland zurück und lebt bis zu seinem Tod in Augsburg. Gabi war nie in Augsburg. Sie verbrachte ihr Leben in Stiefenhofen – in vermeintlicher Sicherheit.

1945

Dieser Prunkteller aus dem Besitz der Familie Schwarz überdauerte die Zeiten auf dem Aichele-Hof.

Prunkteller, polychrome Blumenbukettmalerei mit Goldstaffage, Porzellanmanufaktur Meissen, 19. Jh. / Leihgabe von Nachkommen der Familien Schwarz und Aichele.

Der Fotoapparat: Agfa Box Tengua

Tranchier-Messer und -Gabel

1933

Machtübernahme

30. Jan. 1933	Der Führer der Nationalsozialistischen Deutschen Arbeiterpartei (NSDAP), Adolf Hitler, wird zum Reichskanzler ernannt.
28. Feb. 1933	Verordnung zum Schutz von Volk und Staat: Die in der Verfassung verankerten Grundrechte werden außer Kraft gesetzt. Der Weg zur Terrorisierung politischer Gegner ist frei.
24. Mrz. 1933	Ermächtigungsgesetz: Der Reichstag ermächtigt Hitlers Regierung, Gesetze auch ohne Zustimmung des Reichstags zu erlassen, auch wenn sie von der Verfassung abweichen. Hitler regiert fortan ohne jede Kontrolle.
20. Jul. 1933	Reichskonkordat zwischen dem Heiligen Stuhl und dem Deutschen Reich: Der NS-Staat garantiert der katholischen Kirche ihren Bestand. Dafür verspricht die Kirche Loyalität.

II.

Gabis Mama und ihre Pflegefamilie im Allgäu

Gabi mit Mutti
und Mama

Lotte bringt ihre Tochter auf den Hof von Rosalias Schwester Therese und ihrem Ehemann Josef Aichele. Sie werden für Gabi „Mama und Papa", zu Lotte sagt sie „Mutti". Lotte besucht Gabi so oft sie kann. Von Lotte bekommt Gabi die beste Kleidung und die schönsten Spielsachen. Die Tage auf dem Aichele-Hof sind glückliche Tage.

Mutti Lotte
und Gabi
beim Spielen

Gabi mit Bauklötzen in der Stube, eine der wenigen Innenaufnahmen

Gabis Glück

Bei ihrem ersten Besuch auf dem Aichele-Hof bringt Lotte einen Fotoapparat mit. Damit soll das Aufwachsen der kleinen Gabi in Bildern festgehalten werden.

Therese und Anna Aichele (die Hof-Fotografin) mit Gabi vor dem Haus

Bei jedem Besuch bringt Lotte einen Film mit. Bald entdeckt Anna, die älteste Aichele-Tochter, ihre Leidenschaft für das Fotografieren. Sie nennt sich scherzhaft die „Hof-Fotografin". Es entstehen einige hundert Fotos von Gabi. Fast alle zeigen sie draußen rund um den Hof. Aufgrund der Lichtverhältnisse werden nur wenige in der Stube gemacht.

Lotte und Anna führen Fotoalben, die nur Gabi gewidmet sind.

Der Aichele-Hof – Gabis Zuhause

Mama Therese mit Gabi und Kälbchen

Rosalia Häringer vermittelt Gabi als Pflegekind an ihre Schwester Therese Aichele. Mit drei Wochen wird Gabi auf den Aichele-Hof gebracht. Am 29. Juni 1937 beantragt Josef Aichele bei Landrat Dr. Ferdinand Waller, Gabi in Pflege nehmen zu dürfen. Josef wird Gabis Pflegevater – ihr Papa. Der Aichele-Hof wird ihr Zuhause.

Die Verhältnisse auf dem Hof sind einfach. Fließendes Wasser gibt es nur in der Küche. Als Toilette dient ein Plumpsklo neben dem Stall. Zum Hof gehören zehn Milchkühe und ein Wald, der als Brennholzlieferant dient. Lotte kommt alle paar Wochen für „acht Tage" auf den Hof. Sie genießt das Landleben.

Gabi auf Hofhund Frischle

Auf dem Hof gibt es viele Tiere, sogar einen Truthahn.

Der Aichele-Hof liegt „im Moos" bei Stiefenhofen im Westallgäu.

Hintere Reihe von links: Resi, Anna, Therese, Josef und Hieronymus Aichele, vorne in der Mitte Lotte mit Gabi auf dem Schoß und die Nachbarskinder Xaver und Veronika Keck sowie eine Cousine.

Gabi mit Mama und Papa im Winter 1939

Therese Aichele ist 49 Jahre alt, als sie Gabis Pflegemutter wird, ihr Mann Josef ist 57. Sie haben fünf eigene Kinder. Drei leben noch auf dem Hof: Anna ist 28, Hieronymus 17 und Resi 16 Jahre alt. Der 20-jährige Josef ist bei der Militärmusik in Lindau. Das fünfte Kind, die schwerbehinderte Magdalena, ist bereits verstorben. Gabis Pflegevater, Josef Aichele, ist ein anerkannter Mann im Dorf. Seit 1913 ist er zweiter Bürgermeister von Stiefenhofen. 1933 legt er das Amt nieder und scheidet aus dem Gemeinderat aus, da er nicht der NSDAP beitritt. Als gläubiger Katholik bleibt er im Pfarrgemeinderat.

Zwei Welten treffen aufeinander

Gabi ist immer chic gekleidet und hat Spielzeug, von dem die Nachbarskinder nur träumen können. Ihre Mutti hat bei ihren Besuchen nämlich stets etwas Schönes zum Anziehen und Spielsachen aus der Stadt für sie dabei.

Doch nicht nur Geschenke für Gabi und die ganze Familie bringt Lotte mit. Als die Wohnung von Gabis Großmutter nach ihrem Freitod im September 1939 aufgelöst werden muss, schafft Lotte ihr vornehmes Geschirr, edle Gläser, Silberbesteck mit Initialen, bis hin zu geschliffenen Messerbänkchen und Obstbesteck im Etui auf den Bauernhof der Aicheles.

Nach der Pogromnacht am 9./10. November 1938 werden die Juden aus dem Wirtschaftsleben ausgeschaltet und regelrecht ausgeplündert. Eine Sondersteuer für Juden sorgt obendrein dafür, dass sie selbst für die angerichteten Schäden aufkommen müssen. Zudem sind sämtliche Wertsachen abzugeben.

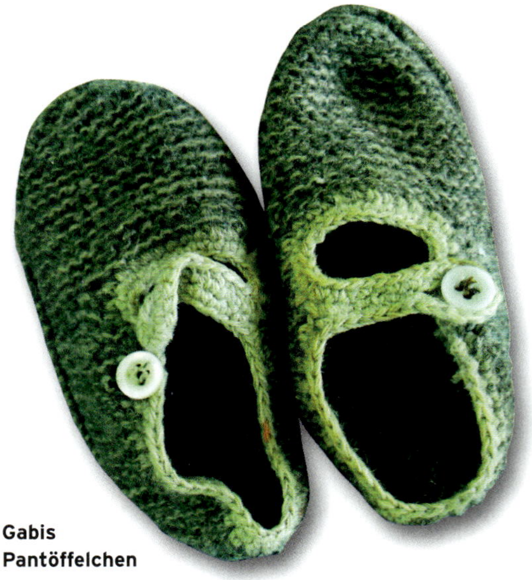

Gabis Pantöffelchen

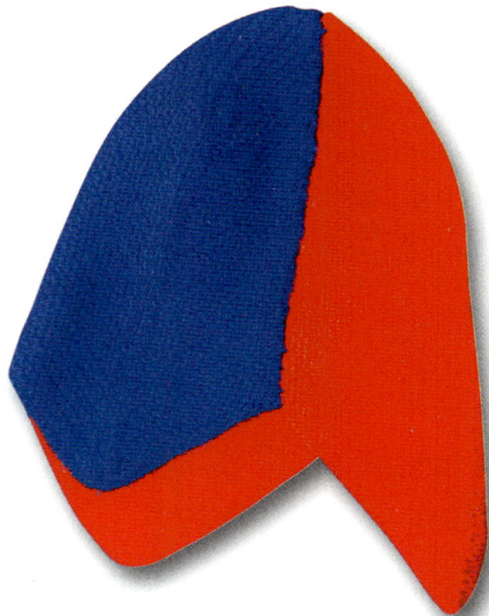

Gabis Wintermütze

Gabis Skier. Der Teller eines Skistocks wurde später ersetzt.

1935

Die Nürnberger Gesetze

Am 15. September 1935 werden die „Nürnberger Gesetze“ verabschiedet. Sie sind die Grundlage der nationalsozialistischen Rassenideologie, die Grundlage für die systematische Ermordung von sechs Millionen Juden.

Nach einer Regelung für Sonderfälle bei Mischlingen 1. Grades gilt Gabi als Volljüdin.

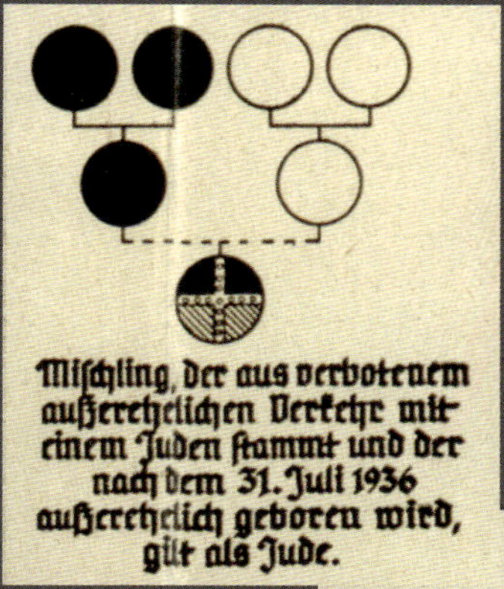

Die Nürnberger Gesetze.
Grafik des Reichsausschusses für Volksgesundheitsdienst.

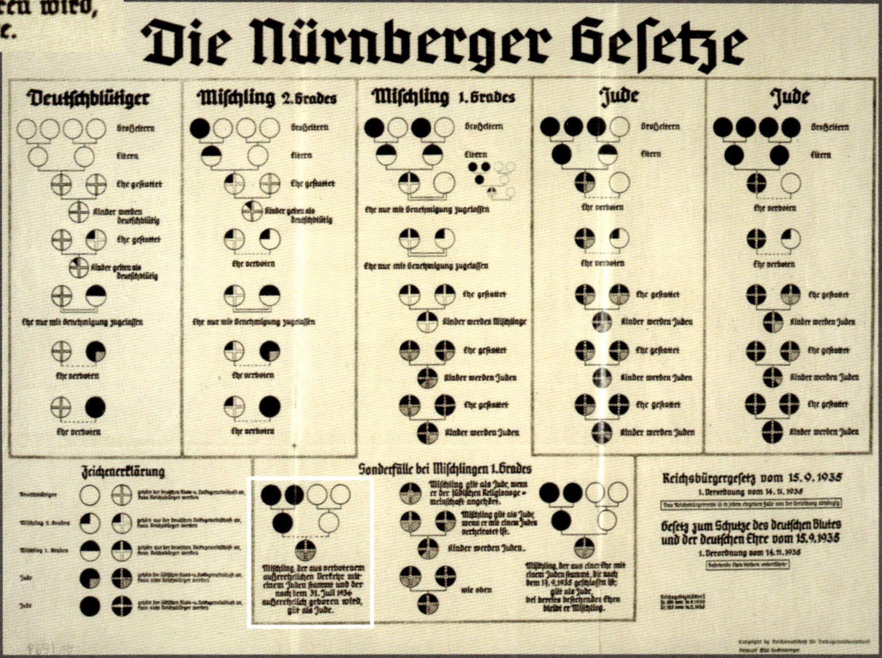

III.

Schutz- und Rettungsversuche

Für das Hühnerfüttern entwickelt Gabi eine besondere Leidenschaft.

Zum Heuen hat Papa Josef Aichele extra eine Heugabel für Gabi angefertigt.

Holzmachen mit Mama und Rosalia

Gabi ist immer dabei

Gabi erlebt eine glückliche Kindheit im Allgäu. Ihre Tage sind geprägt vom Alltag auf dem Bauernhof. Sie ist bei allem dabei: beim Holzmachen, beim Füttern der Hühner oder bei der Heuernte.

Gabi auf dem „Sitzerle", 1938

Hieronymus Aichele mit Gabi beim Schlittenfahren

Der Schutzort

Gabi erlebt eine glückliche Kindheit auf dem Aichele-Hof, ihrem Schutzort. Doch in der Familie Aichele weiß man um Gabis Abstammung. Sie ist selten mit im Dorf. Über ihre Herkunft wird wenig gesprochen. Dennoch können Aicheles das Kind nicht schützen.

Als Gabi auf Befehl abgegeben werden muss, versuchen sie das Kind zurückzubekommen. Oberlehrer Johann Pletzer und Josef Aichele setzen sich bei Bürgermeister und Landrat ein und schreiben Briefe. Sie fahren nach Berg am Laim, wohin Gabi gebracht wurde, und setzen sich bei der Gestapo in München für die Rückkehr des Kindes ein – alles vergebens.

Nur selten sieht man Gabi außerhalb des Aichele-Hofes wie hier beim Milchwegbringen.

Schutz- und Rettungsversuche

Lotte arbeitet schon vor Gabis Geburt an der Rettung des Kindes. Regelmäßige Besuche bei Kardinal Faulhaber dokumentieren ihr Vorhaben. Der Kardinal unterstützt sie. Sie wird Katholikin. Den Namen von Gabis Vater hält sie geheim, zum Schutz der Familie. Gabi wird gleich nach der Geburt getauft. Mit drei Wochen bringen Lotte und Rosalia das kleine Mädchen zu Familie Aichele. Auf dem abgelegenen Bauernhof im Allgäu wähnt Lotte Gabi in Sicherheit. Doch Stiefenhofen ist für Lotte nur eine Zwischenstation. Lotte plant mit Gabi auszuwandern. Zahlreiche Dokumente belegen, dass sie mit ihrer Tochter nach Amerika wollte.

Lotte mit Gabi, Januar 1940.
Die Besuche bei ihrer Tochter geben ihr Kraft.

Lotte schickt diese Ansichtskarte 1938 aus New York.

Kardinal Faulhaber kannte Lottes verstorbenen Ehemann aus dem Ersten Weltkrieg. Lotte vertraut auf die Hilfe des Kardinals.

(Erzbischöfliches Archiv München, NL Faulhaber, Fotosammlung 2047)

Faulhaber empfiehlt Lotte dem katholischen St. Raphaelsverein. Dieser unterstützt „nichtarische" Katholiken bei der Auswanderung.

Lotte reist mit einer Empfehlung Faulhabers 1938 nach Amerika. Dort sieht sie sich nach Arbeitsmöglichkeiten um. Kurz nach ihrer Rückkehr erreicht die Verfolgung von jüdischen Menschen mit der Pogromnacht einen neuen Höhepunkt.
1939 will Lotte Gabi nach England retten. Doch mit dem Beginn des Zweiten Weltkriegs ist der Weg nach England versperrt.

Lotte gibt nicht auf, bis sie im November 1941 ins Frauenkonzentrationslager Ravensbrück kommt. Wenige Wochen später wird sie in der NS-Tötungsanstalt Bernburg ermordet.

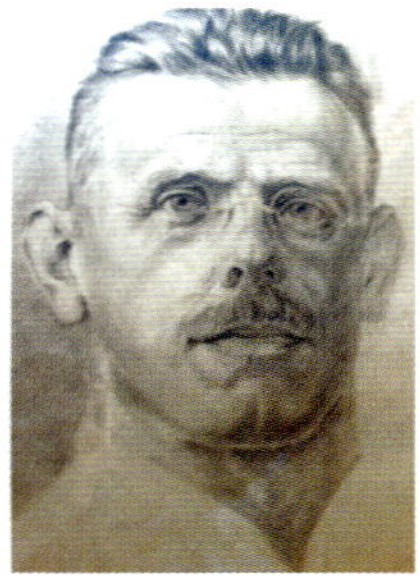

Oberlehrer Johann Pletzer
(Zeichnung von Adolf Adamer, Archiv des Heimatdienstes Oberstaufen, 1930er Jahre)

Als Jugendhelfer von Stiefenhofen und Harbatshofen hatte ich alle Waisenkinder, Kinder von ledigen Müttern und gefährdete Kinder zu betreuen. Unter diesen war auch das Halbjudenkind Gabriele Schwarz, das nach den Nürnberger Gesetzen als Volljude gerechnet wurde, weil es nach 1936 geboren war. Es war ein selten schönes, liebenswertes und begabtes Kind. Die Pflegeeltern Aichele in Moos bei Stiefenhofen hielten es wie eigen, auch ich hatte es vom ersten Augenblicke an in mein Herz geschlossen. Als es 1939 den Pflegeeltern genommen werden sollte, brachte ich es durch eine Eingabe dahin, daß es weiterhin bei denselben verbleiben durfte. Im Jahre 1943 wurde das Kind plötzlich, ohne meine Verständigung, den Pflegeeltern durch Gestapobefehl weggenommen. Als ich es erfuhr, war das Kind schon in München. Ich sagte: "Das Kind muß her, gehe es, wie es wolle." Ich fuhr mit dem Pflegevater zur Gestapo nach München. Hier konnte ich den Nachweis erbringen, daß das Kind seinem germanischen Vater nachschlägt, auf grund dessen verlangte ich die Herausgabe des Kindes an mich zur Blutuntersuchung an der Universität. Hätte ich das Kind in Händen gehabt, wäre es gerettet gewesen. Die Rückgabe des Kindes wurde mir auch in Aussicht gestellt. In der folgenden Nacht ging dann ein großer Transport ab, bei dem das Kind dabei war. Der Pflegevater Aichele, der Vormund Dr.Dreifuß, heute Oberbürgermeister von Augsburg, und ich gaben uns alle Mühe die Spuren des Kindes weiter zu verfolgen. Erfolg und Hoffnungen waren gering. Ich hätte mich überaus glücklich geschätzt, wenn ich das Kind hätte in sein Heim zurückführen können. Aus Menschenliebe habe ich alles unternommen und habe mir keinerlei Entschädigung für meine Fahrten und Auslagen geben lassen.

Aus: Johann Pletzer, Meine politische Vergangenheit, 1947

Koffer
von Lotte

Zum Heuen hat
Papa Josef Aichele
extra eine Heugabel
für Gabi angefertigt.

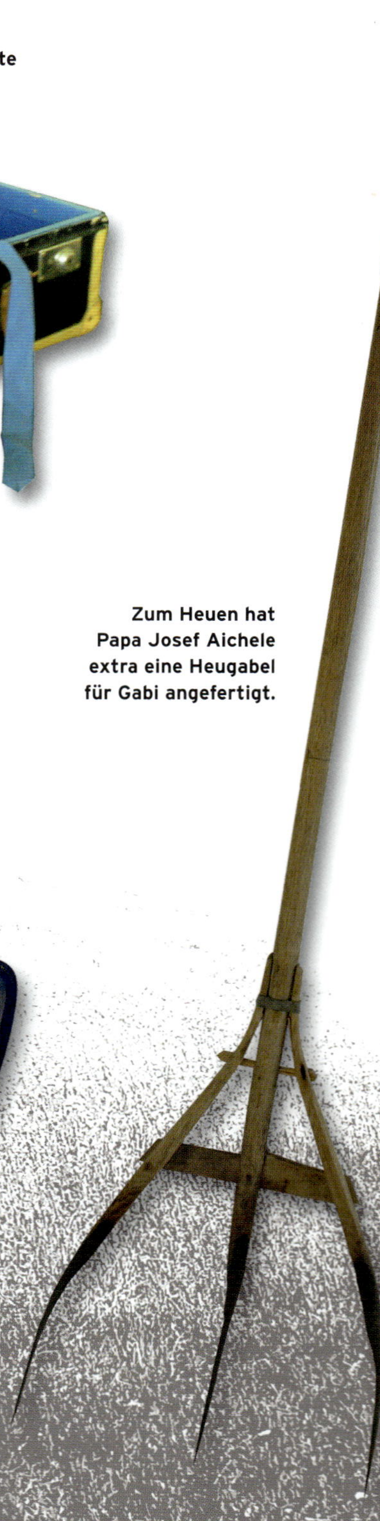

Zahlreiche Briefe dokumentieren
die Rettungsversuche von
Gabis Mutti. Lotte schrieb sie mit
der Reiseschreibmaschine.

1938/39

Reichspogromnacht und Zweiter Weltkrieg

9./10. Nov. 1938	Mit der Pogromnacht – der Nacht der brennenden Synagogen – erreicht die Judenverfolgung einen neuen Höhepunkt. Organisierte Schlägertrupps setzen jüdische Geschäfte und Gotteshäuser in Brand. Tausende Juden werden misshandelt, verhaftet oder getötet. Antisemitismus und Rassismus bis hin zum Mord werden staatsoffiziell.
1. Jan. 1939	Beginn der staatlichen Zwangsarisierung. Juden ist das Betreiben von Einzelhandelsgeschäften und Handwerksbetrieben untersagt. Waren und Dienstleistungen dürfen nicht mehr von Bürgern jüdischer Abstammung angeboten werden.
	Namensänderungsverordnung: Jüdische Bürger dürfen nur noch „typisch jüdische" Vornamen führen. Juden mit anderen Vornamen werden verpflichtet, Israel bzw. Sara als weiteren Vornamen zu führen.
1. Sept. 1939	Mit dem deutschen Überfall auf Polen beginnt der von Adolf Hitler seit langem geplante Krieg um „Lebensraum im Osten". Beginn des Zweiten Weltkriegs.

IV.

Gabis Schicksal

Gabi mit den Nachbarskindern Veronika und Xaver Keck

Gabi spielt gern mit anderen Kindern

Die Kinder nehmen Gabi in die Mitte

Gabi mit der Nachbarsfamile Keck

Beste Freundinnen

Gabi spielt gern mit den Nachbarskindern, vor allem mit den Geschwistern Keck. Mädchen in ihrem Alter kennt sie jedoch kaum. Im Sommer 1942 kommt mit der Kinderlandverschickung Elisabeth Walch (Elis) für vier Wochen auf den Aichele-Hof. Die beiden Mädchen werden beste Freundinnen. Mit Elis erlebt Gabi ihren schönsten und letzten Sommer.

Elis und Gabi

Weihnachten 1938.
Lotte mit Gabi in der Stube

Jüdische Feste sind Gabi unbekannt. Sie lebt in einem katholischen Umfeld.

Gabi mit Taufkerze

Gabriele Sara Schwarz

Ab Anfang 1939 müssen Menschen jüdischer Abstammung Kennkarten bei sich führen und einen Zwangsvornamen annehmen. Männer erhalten den Zusatz „Israel", Frauen „Sara". Gabi heißt nun „Gabriele Sara Schwarz". Sie wird in die Judenkartei eingetragen.

Das ist der Wendepunkt in Gabis „heiler Welt". Weder Taufe noch Erziehung durch fromme Katholiken ändern etwas an ihrer Einstufung als „Volljüdin".

Im Winter 1943 kommt der Befehl: **Gabi … muss fort!** Gabi muss in ein Lager nach München. Man gibt ihr dieses Foto mit.

Aufgrund der Namensverordnung wird extra dieses Portrait beim Fotografen gemacht.

Auf der Rückseite notiert Josef Aichele: **„Zum Andenken an Papa, Mama, Anna und Resi."**

Zum Abschied sagt Gabi zu ihrer Mama Therese: **„Gell, Mama, Du betest für mich und ich bete für Euch!"**

Gabi wird in die Heimanlage für Juden Berg am Laim in München gebracht. Diese befindet sich im Kloster der Vincentinerinnen.
Josef Aichele und Oberlehrer Johann Pletzer fahren nach München, um Gabi zurückzuholen. Sie sprechen bei der Gestapo vor.
In Berg am Laim können sie Gabi durchs Schlüsselloch beim Spielen beobachten, müssen aber ohne das Mädchen zurück ins Allgäu fahren.

Hörstationen

Das Krematorium II im Vernichtungslager Auschwitz

Von Berg am Laim wird Gabi nach Auschwitz abtransportiert. Vier Tage und drei Nächte lang dauert die Fahrt im Zug. Direkt nach der Ankunft kommt sie in die Gaskammer des Krematoriums II. Es ist der 16. März 1943.

Leo Hiemer erzählt von Gabis Schicksal:

Die Abgabe

Berg am Laim

Auschwitz

Aus einem Bericht von Elisabeth Franke geb. Walch (Elis) vom 8. August 1994 an Leo Hiemer

Im Jahr 1942, ich besuchte damals die erste Klasse, wurde ich mit noch zwei anderen Kindern aus Göggingen in die Ferien nach Stiefenhofen eingeteilt.

Herr Aichele stand mit der Milchkutsche am Bahnhof Oberstaufen, um mich abzuholen. Er lud meinen Koffer auf und ab ging's nach Stiefenhofen.

Als wir in Stiefenhofen ankamen, wurden wir schon von Gabi und Frau Aichele und den Töchtern Anni und Resi erwartet. „So, nun sind wir da!" sagte Herr Aichele, als wir in den Hof einfuhren.

Nun wurde ich allen vorgestellt und mir wurde auch das Zimmer gezeigt, in dem ich mit Gabi nun vier Wochen wohnen durfte. Beim Kofferauspacken und -einräumen half mir Resi, die jüngere Tochter der Aicheles. Gabi hat nur geschaut, gesagt hat sie nichts. Sie war doch erst fünf Jahre alt. Dann sagte Resi: „Du bist jetzt die Aufpasserin für Gabi. Du bist die Ältere und musst Morgen das Töpfchen ausleeren." Unser Zimmer war im ersten Stock. Dann gab's was zu Essen. Frau Aichele hatte Röstkartoffel gemacht, die rochen so gut, dass das ganze Haus duftete. Dann gab's Milch und Butterbrot mit Honig. Es war köstlich. Ich hatte zu Hause ja nur Schmalkost, denn es war ja Kriegszeit. Nun sagte Herr Aichele: „Wenn ihr fertig seid, dann kommt mit mir." Er zeigte mir, was er für uns gemacht hatte. Es waren 2 Schaukeln in der Scheune. Eine für mich und eine für Gabi. Jetzt sagte Gabi auch mal was: „Für Elis und Gabi" – und dann ging's los. Wir schaukelten um die Wette und Herr Aichele war glücklich über unsere strahlenden Gesichter. Es war so schön.

Dann gab's Frühstück und wir gingen den neuen Tag an: Spielen, schaukeln, ins Gärtchen schauen, wenn Resi oder Anni was zu tun hatten, auch Fotografieren war mal mit drinnen.

Es war eine so schöne Zeit, denn Gabi war ein so liebes und braves Mädchen. Elis

Nachgeschrieben von Pia Mayr, Stadtarchiv Memmingen

1940 - 45

Bombenkrieg und Holocaust

Oktober 1940	Beginn der Erweiterten Kinderlandverschickung: Kinder aus den vom Luftkrieg bedrohten deutschen Städten werden in nicht gefährdeten Gebieten im ländlichen Raum untergebracht.
19. Sept. 1941	„Polizeiverordnung über die Kennzeichnung der Juden“: Juden ab sechs Jahren sind zum Tragen eines gelben Sterns auf der Kleidung verpflichtet. Für ihre Träger bedeutet der gelbe „Davidstern“ soziale Isolation und Stigmatisierung. Die Registrierung, räumliche Zusammenlegung und Kennzeichnung der Juden bieten dem nationalsozialistischen Regime die perfekte Kontrolle. Die Maßnahmen bereiten die planmäßige Deportation und Ermordung der Juden vor.
20. Jan. 1942	Auf der Wannseekonferenz geht es um die „Endlösung der Judenfrage“. Der Holocaust ist bereits eingeleitet. Mit Ghettoisierung, Deportationen und der Einrichtung von Massenvernichtungslagern ist er systematisch aufgebaut.

V.

Gabi lebt, solange wir uns an sie erinnern.

Die letzte Aufnahme von Gabi im Winter 1943

Gabi im Herbst 1942

Gabi mit ihrer Mama, ihren „Schwestern" und einem Gast.

Josef und Therese Aichele kommen nur schwer über den Verlust von Gabi hinweg. Resi, die jüngste Tochter, bekommt 1947 ein Kind. Das Mädchen wird auf den Namen Gabriele getauft. „Damit die Mama wieder eine Gabi hat."

In Memoriam

Gabi muss am 13. Februar 1943 den Aichele-Hof verlassen. Am 10. Mai 1943 erteilt die Gestapo Auskunft, dass das Mädchen nicht mehr zurückkehren wird. Die fünfjährige Gabriele Schwarz wurde am 16. März 1943 in Auschwitz ermordet.

Das Schicksal der kleinen Gabi steht im Entnazifizierungsverfahren gegen den ehemaligen Bürgermeister und Ortsgruppenleiter Seelos im Blickpunkt. Seelos wird als „Mitläufer", Landrat Dr. Waller als „unbelastet" eingestuft. Die Verfahren gegen die Gestapo werden eingestellt. Danach wird der Fall Gabi 30 Jahre lang nicht mehr öffentlich thematisiert.

Erst 1983 wird das öffentliche Schweigen gebrochen. Pfarrer Herbert Mader würdigt in seiner Dorfchronik Josef Aichele als Ehrenbürger der Gemeinde Stiefenhofen. Dabei geht er auch auf das Schicksal seines Pflegekindes Gabi ein.

1984 veröffentlicht Gernot Römer, damals Chefredakteur der „Augsburger Allgemeinen", sein Buch „Für die Vergessenen". Er widmet Gabi darin das Kapitel „Ein verfolgtes Kind: Gabriele".

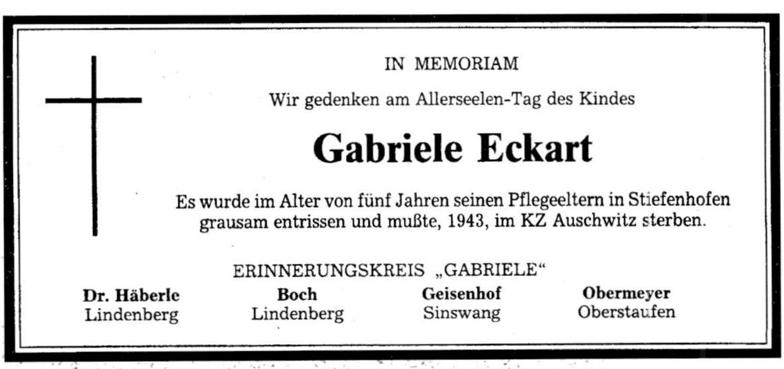

IN MEMORIAM

Wir gedenken am Allerseelen-Tag des Kindes

Gabriele Eckart

Es wurde im Alter von fünf Jahren seinen Pflegeeltern in Stiefenhofen grausam entrissen und mußte, 1943, im KZ Auschwitz sterben.

ERINNERUNGSKREIS „GABRIELE"

Dr. Häberle	**Boch**	**Geisenhof**	**Obermeyer**
Lindenberg	Lindenberg	Sinswang	Oberstaufen

Todesanzeige für Gabi, Der Westallgäuer, 31.10.1986. Damals war Gabis richtiger Familienname noch nicht bekannt. Gabi wird hier unter dem Ehenamen ihrer Mutter als „Gabriele Eckart" geführt.

Gabriele Schwarz
und Leo Hiemer

1993 dreht Leo Hiemer den Film „Leni ... muss fort". Der Film, der Gabis kurzes Leben erzählt, erhält das Prädikat „besonders wertvoll", füllt Hallen und Säle im Allgäu und wird mit Filmpreisen in aller Welt ausgezeichnet.

Leo Hiemer setzt seine Recherchen fort. 2019 erscheint sein Buch „Gabi (1937–1943). Geboren im Allgäu. Ermordet in Auschwitz" im Metropol-Verlag, Berlin.

Glasfenster,
Pestkapelle Stiefenhofen

1994 wird eine Gedenktafel in der Spinner-Kapelle, Oberstaufen, angebracht. Seit Sommer 2020 hängt sie an der Pfarrkirche St. Martin in Stiefenhofen.

1985 findet sich ein „Erinnerungskreis Gabriele" zusammen, der unter Berufung auf Römers Bericht vorschlägt, ein Zeichen der Erinnerung und des Gedenkens an Gabi in Form einer Gedenktafel in Stiefenhofen zu setzen. Es folgen Artikel in der Presse. An Allerseelen 1986 wird eine Todesanzeige geschaltet.

Anstelle einer Gedenktafel wird 1989 in der Pestkapelle Stiefenhofen ein Glasfenster geschaffen. Ein Mädchen mit einem Judenstern soll Gabi darstellen. Doch Gabi hat nie einen Judenstern getragen. Sie war noch zu klein. Erst mit sechs Jahren war das Tragen des Judensterns verpflichtend. Gabi starb mit fünf.

Gabi ist nicht die Einzige

Nach Auschwitz werden mindestens 1,1 Millionen Juden, 140.000 Polen, 20.000 Sinti und Roma sowie mehr als 10.000 sowjetische Kriegsgefangene und mehr als 10.000 Häftlinge anderer Nationalität deportiert. Wer als „arbeitsfähig" eingestuft wird, wird registriert und zunächst ins Lager aufgenommen.
Wer als nicht „arbeitsfähig" angesehen wird, wird nicht registriert, sondern sofort nach der Ankunft in den Gaskammern ermordet. Das sind zum Teil 70 – 80 % eines Transports.
Als nicht „arbeitsfähig" gelten auch die Kinder, weshalb sie ohne Registrierung umgebracht werden.

Raubmord an einem kleinen Kind

Die Reichshauptkasse bereichert sich schamlos an Deportierten und Ermordeten. Ermöglicht wird das durch eine Verordnung zum Reichsbürgergesetz vom 25. November 1941. Diese bestimmt, dass „ein Jude bei der Verlegung des gewöhnlichen Aufenthalts ins Ausland" seine Staatsangehörigkeit verliert und sein Vermögen an das Deutsche Reich fällt. Auch ein gewaltsamer Abtransport ins Konzentrationslager Auschwitz gilt als „Auswandern".

Auch Gabi wird nach ihrem Tod vom Deutschen Reich beraubt. Wertpapiere im Wert von 3.000.- Reichsmark, die sie von ihrer Mutter geerbt hat, werden ihr „entzogen".

Die digitale Ausstellung

Unsere Ausstellung kann auch im Internet besucht werden. Auf unserer Homepage **www.geliebtegabi.de** finden Sie alle Informationen. Hier können auch zwei Ausschnitte aus Zeitzeugeninterviews mit Resi Baumann, der jüngsten Tochter der Pflegefamilie Aichele, abgerufen werden:

Mit Hilfe der hier abgedruckten QR-Codes gelangen Sie direkt zu den betreffenden Ausschnitten.

		Länge
1.	**Wie Gabi auf den Hof kam**	5'12''
2.	**Wie Gabi abgegeben werden musste**	5'40''

Scannen Sie einfach dennebenstehenden QR-Code!

Auf unserem YouTube-Kanal **Geliebte Gabi** können Clips zu Themen der Ausstellung abgerufen werden. Die Filme zeigen jeweils auf die Thematik bezogene Exponate und Fotos aus der Ausstellung, unterlegt mit einem Kommentar.

		Länge
Clip 1	**Geliebte Gabi** #Ideologie des Nationalsozialismus: Rassenlehre; #Stigmatisierung der Juden; #Entrechtung, Verfolgung und Ermordung der Juden; #Leben im totalitären Staat: Familie, Dorf	2'40"
Clip 2	**Gabis Mutti** #Ideologie des Nationalsozialismus: Rassenlehre; #Stigmatisierung der Juden; #Die Kirche im gleichgeschalteten Staat; #Entrechtung, Verfolgung und Ermordung der Juden; #Leben im totalitären Staat: Frauen, Stadt	2'11"

		Länge
Clip 3	**Das Schicksal der Augsburger Familie von Gabis Mutti** #Ideologie des Nationalsozialismus: Rassenlehre; #Stigmatisierung der Juden; #Entrechtung, Verfolgung und Ermordung der Juden; #Emigration von Juden	2'25"
Clip 4	**Wer ist Gabis Vater?** #Ideologie des Nationalsozialismus: Rassenlehre; #Verfolgung von Juden; #Auswirkungen in den Nachbarländern	1'24"

		Länge
Clip 5	**Wie Gabi nach Stiefenhofen kam** #Die Kirche im gleichgeschalteten Staat; #Leben im totalitären Staat: Familie, Frauen	1'55"
Clip 6	**Gabis Pflegefamilie Aichele** #Leben im totalitären Staat: Familie, Dorf, Stadt; #Die Kirche im gleichgeschalteten Staat	1'41"
Clip 7	**Gabis Glück** #Leben im totalitären Staat: Familie, Dorf; #Zweiter Weltkrieg: Bombenkrieg	2'05"

		Länge
Clip 8	**Gabriele Sara Schwarz** #Ideologie des Nationalsozialismus: Rassenlehre; #Stigmatisierung der Juden	1'45"
Clip 9	**Rettungsversuche: Die Jüdin und der Kardinal** #Die Kirche im gleichgeschalteten Staat; #Emigration von Juden	1'38"
Clip 10	**Wie Gabi nach Auschwitz kam** #Ideologie des Nationalsozialismus: Rassenlehre; #Ziviler Widerstand; #Ermordung der Juden	1'48"

		Länge
Clip 11	**Gabi lebt, solange wir uns an sie erinnern** #Erinnerungskultur	2'05"
Clip 12	**Warum gibt es so viele Fotos von Gabi?** #Leben im totalitären Staat: Familie, Dorf	3'01"
Clip 13	**Exponate: Sachen, die einmal Gabi gehört haben** #Leben im totalitären Staat: Familie, Dorf, Stadt; #Stigmatisierung der Juden; #Entrechtung und Verfolgung der Juden	2'43"

		Länge
Clip 14	**Leo Hiemer liest aus seinem Buch „Gabi": Die Abgabe** #Ideologie des Nationalsozialismus: Rassenlehre; #Stigmatisierung der Juden; #Entrechtung und Verfolgung der Juden	8'16"
Clip 15	**Leo Hiemer liest aus seinem Buch „Gabi": Berg am Laim** #Ideologie des Nationalsozialismus: Rassenlehre; #Entrechtung und Verfolgung der Juden; #Ziviler Widerstand	5'00"

		Länge
Clip 16	**Leo Hiemer liest aus seinem Buch „Gabi“: Auschwitz** #Verfolgung und Vernichtung der Juden	11‘31“
Clip 17	Eine Gedenktafel zieht um #Erinnerungskultur	4‘37“

Den erläuternden Kommentar der Filmclips finden Sie auf den folgenden Seiten in Schriftform. Wenn sie den QR-Code scannen, gelangen Sie direkt zu dem betreffenden Clip.

Weitere Clips auf unserem YouTube-Kanal: (Länge)

- Grußwort von Dr. Gerd Müller zur Ausstellung — 1‘48“
- Dr. Gerd Müller zur Bedeutung der Ausstellung
- Dr. Gerd Müller zur Frage, was wir aus Gabis Geschichte heute lernen können
- Zeitzeugenfilm mit Wally Koch

Kurzführung durch die Ausstellung:

- eine Kurzführung von Leo Hiemer durch die Ausstellung im Museum der Abtei Ottobeuren — 8‘43“

Geliebte Gabi.

Ein Mädchen aus dem Allgäu –
ermordet in Auschwitz.
Eine Ausstellung erzählt ihre Geschichte.

Gabi erlebte eine glückliche Kindheit
im Allgäu.
Sie wuchs auf einem Bauernhof auf
und liebte die Tiere auf dem Hof:
den Hund,
das Kälbchen,
den Truthahn,
die Schafe
und die Hühner.
Gabi spielte gern mit anderen Kindern.
Sie hatte sogar eine richtige Freundin.
Und sie hatte eine Mama und einen Papa.
Das waren ihre Pflegeeltern.
Und eine Mutti.
Das war ihre richtige Mutter.
Sie war Jüdin.
Gabi war getauft wie ihre Mutti.
Trotzdem blieb sie Jüdin – für die Nazis.

Die Mutti kam so oft sie konnte auf Besuch,
bis sie eines Tages nicht mehr kam.
Man hatte sie verhaftet und umgebracht.
Weil sie Jüdin war.
Gabi war traurig.
Und bald musste auch Gabi fort.
Für immer.
Nach Auschwitz.
Dort kam sie in die Gaskammer -
wie all die anderen.
Gabi starb mit fünf Jahren.

Aber Gabi lebt, solange wir uns an sie
erinnern.
Es gibt einen Film. Da heißt sie „Leni“,
ein Glasfenster in einer Kapelle,
eine Gedenktafel,
ein Buch
und eine Ausstellung „Geliebte Gabi“
mit vielen Filmen über sie im Netz.

CLIP 2

Gabis Mutti

Gabi kommt 1937 auf die Welt.
1943 wird sie in Auschwitz ermordet.
Lotte ist Gabis Mutti, eine moderne Frau.
Nach der Ausbildung arbeitet sie als Sekretärin in Spanien.
Sie ist sportlich und eine begeisterte Skifahrerin.
Lottes Familie besitzt ein Anwesen in Augsburg am Predigerberg,
eine gutsituierte, bürgerliche Familie,
wie erhaltener Hausrat beweist.
Dieser Prunkteller aus Meissner Porzellan stammt aus ihrem Besitz.
Familie Schwarz ist eine deutsche Familie jüdischen Glaubens.
Zusammen mit christlichen Kindern besuchen die drei Töchter die höhere Schule.
1933 heiratet Lotte den katholischen Hauptmann a.D. Wilhelm Eckart,
doch der verstirbt schon ein Jahr später.
Lotte wird Atemlehrerin und geht nach Liechtenstein.
1936 eröffnet sie dort eine Atemschule.
Da wird sie schwanger.
Den Namen des Vaters behält sie für sich.
Ostern 1937 muss sie das Fürstentum verlassen.
Sie ist im siebten Monat.
Lotte kommt bei Rosalia Häringer
in Marktoberdorf unter,
früher Köchin bei der Familie Schwarz.
Lotte will jetzt getauft werden.
Als man eine Empfehlung verlangt, wendet sie sich an Kardinal Faulhaber.
Der Münchner Kardinal kannte Lottes verstorbenen Ehemann aus dem Ersten Weltkrieg.
Auf seine Empfehlung wird Lotte umgehend getauft, keine zwei Wochen später auch ihre Tochter Gabi.
Taufpatin bei beiden ist Rosalia Häringer.

CLIP 3

Das Schicksal der Augsburger Familie von Gabis Mutti

Gabi kommt 1937 auf die Welt.
1943 wird sie in Auschwitz ermordet.
Lotte Eckart ist Gabis Mutter.
Lotte ist eine geborene Schwarz aus Augsburg.
Die Ausstellung erzählt auch die Geschichte der Familie Schwarz,
einer deutschen Familie jüdischen Glaubens.
Lottes Vater, Karl Schwarz, besitzt ein Anwesen am Predigerberg,
hier rot eingezeichnet.
Dort betreibt er ein Eisenwarengeschäft.
Die Familie lebt zunächst in der Bahnhofstraße, wo auch Gabis Mutter Lotte und ihre beiden Schwestern auf die Welt kommen.
Emmy, Hansi und Lotte besuchen die höhere Schule.
1926 stirbt Karl Schwarz,
seine Frau Anna ist jetzt Witwe.
1933 kommen die Nazis an die Macht.
Die Verfolgung beginnt.
Emmy emigriert 1934 mit ihrem Mann nach Paris.
Die geschiedene Hansi lebt in Berlin.
Ihren Sohn René bringt sie nach Kroatien in Sicherheit.
Lotte bekommt eine kleine Tochter: Gabi.
Sie gibt das Kind bei einer liebevollen Bauernfamilie im Allgäu in Pflege,
wo auch die Oma sie besucht.
Nachdem man ihr alles genommen hat,
setzt Anna Schwarz 1939 ihrem Leben ein Ende.
Emmy, die Älteste, flieht mit ihrem Mann vor den Nazis weiter nach Amerika.
1941 werden Hansi und Lotte verhaftet,
ins Konzentrationslager gesteckt und kurz darauf ermordet.
Gabi verbringt fünf glückliche Jahre im Allgäu.
1943 muss sie ihrer Heimat für immer Lebewohl sagen.
Nach dem Krieg kehrt Emmy nach Deutschland zurück.
Ihr Mann wird Leiter der Gesundheitsbehörde in Hamburg.
Hansis Sohn lebt als Kriegsblinder bis zu seinem Tod in Augsburg.

CLIP 4

Wer ist Gabis Vater?

Gabi wird am 24. Mai 1937 geboren.
Neun Monate vorher ist Gabis Mutter Lotte gerade in Liechtenstein eingetroffen.
Sie wird Atemlehrerin in der „Kneipp'schen Bad- und Wasserheilanstalt" in Schaan.
Kurz darauf wird sie schwanger.
Dieses Foto zeigt Lotte mit Gabi auf dem Arm.
Es trägt die Widmung „für Gustl".
Handelt es sich um den Kneippjünger Gustav Biedermann, den Leiter der Anstalt?
Kein Jude.
Ist er Gabis Vater?
Seit den Nürnberger Gesetzen 1935 sind Verbindungen von Juden und Nicht-Juden verboten. Vergehen werden als „Rassenschande" bezeichnet und als Verbrechen verfolgt.
Vermutlich ist Gabis Vater kein Jude.
Um sich nicht selbst zu bezichtigen, behält Lotte den Namen von Gabis nichtjüdischem Vater zeitlebens für sich.

Wie Gabi nach Stiefenhofen kam

1936 geht Lotte Eckart nach Liechtenstein.
Dort wird sie schwanger.
Den Vater gibt sie niemals an.
Dann muss sie Liechtenstein verlassen.
Ostern 1937 kommt Lotte hochschwanger nach Marktoberdorf.

Sie wendet sich an Rosalia Häringer, ehedem Köchin ihrer Mutter in Augsburg.
Rosalia will Lottes Kind bei ihrer Schwester Therese auf einem Bauernhof unterbringen.
Doch zuvor muss Lotte getauft werden.
Sie wendet sich an Kardinal Faulhaber, der ihren 1934 verstorbenen Mann persönlich kannte.
Lotte schreibt auf ihrer Schreibmaschine:
„Die geistlichen Herren hier sagen, dass sie mir die Taufe als Fremde nicht verabfolgen können und erklären sich dazu nur bereit, wenn ich eine Empfehlung vorweisen kann."

Die Empfehlung des Münchner Kardinals kommt prompt:
„Ich habe den Eindruck, dass sie mit ehrlicher Absicht und aus religiösen Gründen den Gedanken der katholischen Taufe in sich trägt."
Lotte wird umgehend getauft.
Hier der Eintrag im Taufbuch.
Zwei Wochen später wird auch ihre neugeborene Tochter getauft.
Sie erhält den Namen Gabriele.
Taufpatin bei Mutter wie Tochter:
Rosalia Häringer!
Mit drei Wochen kommt Gabi auf den Aichele-Hof
... und wird von den Aicheles als Pflegekind aufgenommen.

Gabis Pflegefamilie Aichele

Rosalia Häringer vermittelt Gabi an ihre Schwester Therese Aichele.
In Stiefenhofen bewirtschaftet sie mit ihrem Mann, Josef Aichele, den Aichele-Hof.
Bald werden Josef und Therese Aichele Mama und Papa für Gabi.
Die älteste Tochter Anna nimmt sich Gabis besonders an.
Resi, die jüngste Aichele-Tochter, ist damals gerade 16.
Lotte kommt zu Besuch, so oft sie kann.
Hieronymus, der jüngste Sohn, muss bald in den Krieg – wie sein Bruder Josef.
Gabis Pflegeeltern bleiben nur ihre beiden Töchter – und Gabi.
Gabi ist ihr Sonnenschein.
Gabi ist immer dabei.
Bei der Taufe einer Cousine darf sie sogar die Taufkerze tragen.
Bei Aicheles wird Gabi geliebt wie ein eigenes Kind.

Gabis Glück

Gabi ist drei Wochen alt, als ihre Mutter Lotte sie auf den Aichele-Hof nach Stiefenhofen bringt.
Ihre Pflegeeltern Josef und Therese Aichele werden Mama und Papa für Gabi.
Und Gabi wird geliebt wie ein eigenes Kind.
In den Tieren des Hofes findet Gabi bald Spielkameraden:
in Hofhund Frischle,
im Kälbchen
oder im Truthahn.
Für das Hühnerfüttern entwickelt Gabi eine besondere Leidenschaft.
So oft sie kann, kommt ihre Mutter Lotte sie besuchen.
Lotte hat immer etwas Schönes zum Anziehen für sie dabei – oder Spielsachen, wie hier ein Würfelpuzzle.
Gabi spielt auch gern mit anderen Kindern.
Hier mit Nachbarsbub Xaver Keck.
Hier mit der ganzen Familie.

1942 erlebt Gabi ihren schönsten Sommer:
Mit der Kinderlandverschickung kommt Elisabeth Walch aus Augsburg auf den Aichele-Hof.
Gabi und Elis werden beste Freundinnen.
Als Elis wieder heimfahren muss, ist Gabi traurig.
Sie fragt oft nach ihr.
Gabi tröstet sich mit ihren Tieren,
mit Mama und Papa und ihren beiden großen Schwestern Anna und Resi
und dem neuen Hund, der auch Frischle heißt.
Dann heißt es Abschied nehmen.

CLIP 8

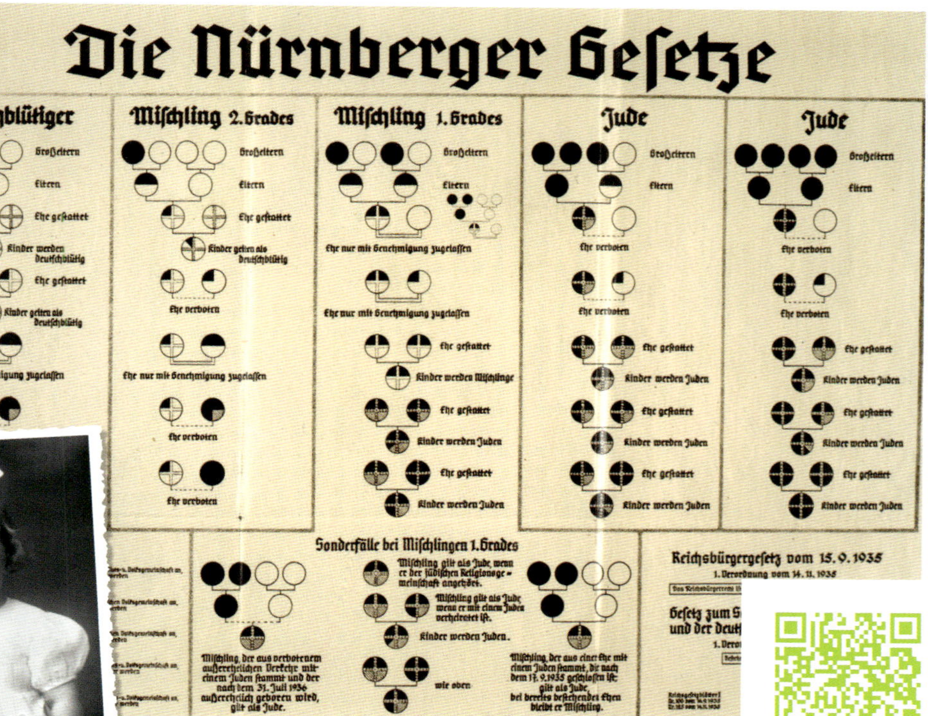

Gabriele Sara Schwarz

1939 bekommt Gabi einen zweiten Vornamen: Sara.
Alle Jüdinnen bekommen den.
Aber ist Gabi denn eine Jüdin?
Nach den Nürnberger Gesetzen ist Jude, wer mindestens drei jüdische Großeltern hat.
Gabis Mutter Lotte hat sogar vier jüdische Großeltern.
Sie ist Jüdin.
Sie fällt in die Spalte ganz rechts.
Schwarze Kreise bedeuten Jude, weiße Kreise Nicht-Jude.
Gabi hat nur zwei jüdische Großeltern, und ihr Vater ist vermutlich gar kein Jude, doch wegen einer Sonderbestimmung der Nürnberger Gesetze gilt auch Gabi als Jüdin.

„Mischling, der aus verbotenem außerehelichen Verkehr mit einem Juden stammt und der nach dem 31. Juli 1936 außerehelich geboren wird, gilt als Jude."

Weder Taufe noch Erziehung durch fromme Katholiken ändern etwas an ihrer Einstufung.
Lotte muss dem Standesamt melden, dass ihre Tochter Gabriele den zusätzlichen Vornamen Sara führt – wie gesetzlich vorgeschrieben.
Für die Judenkartei lässt man ein schönes Porträt von ihr beim Fotografen machen.
Gabi heißt jetzt offiziell „Gabriele Sara Schwarz".

CLIP 9

Rettungsversuche: Die Jüdin und der Kardinal

1933 heiratet Lotte den Hauptmann a. D. Wilhelm Eckart.
Kardinal Faulhaber in München kennt ihn aus dem 1. Weltkrieg.
Als Eckart 1934 stirbt, bittet Lotte den Kardinal um die Taufe.
1937 wird sie auf Empfehlung des Kardinals getauft.
Im gleichen Jahr stellt Faulhaber Lotte eine persönliche Empfehlung nach Amerika aus.
1938 fährt sie nach Amerika, um die Auswanderung vorzubereiten.
Doch daraus wird nichts:
Lotte stößt als ledige Mutter, die ihr Kind von fremden Leuten erziehen lässt, auf Vorbehalte.
Sie ist keine „katholische Persönlichkeit".
Auch Faulhaber fehlt der letzte Mut, die jüdische Mutter zu retten.
Lotte wird in Bernburg ermordet.
Gabi muss ihre Heimat verlassen und kommt in ein jüdisches Sammellager nach München.
Oberlehrer Johann Pletzer aus Stiefenhofen setzt alle Hebel in Bewegung, um das Kind zurückzuholen.
Vergeblich!
Gabi wird in Auschwitz ermordet.

Wie Gabi nach Auschwitz kam

Gabis Mutti Lotte wird im Frühjahr 1942 in Bernburg ermordet.
Eine Todesmeldung geht auch an ihre Hausbank nach Augsburg.
Zwei Banker bringen mit ihrer Anfrage an die Finanzaufsicht,
was mit dem Dauerauftrag für das Pflegegeld an Therese Aichele zu geschehen habe,
den Stein ins Rollen.
Im Winter 1943 kommt der Befehl der Gestapo.
Eine Jüdin darf nicht bei „Ariern" leben.
Gabi muss fort.
Dieses Familienfoto gibt man Gabi mit.
Auf der Rückseite notiert Josef Aichele:
„Zum Andenken an Papa,
Mama, Anna und Resi".

Beim Abschied sagt Gabi zu Therese Aichele:
„Gell, Mama, Du betest für mich und ich bete für Euch!"

Gabi kommt in die „Heimanlage für Juden Berg am Laim" in München.
Oberlehrer Johann Pletzer und Josef Aichele fahren nach München und sprechen persönlich bei der Gestapo vor.

In Berg am Laim sehen sie Gabi ein letztes Mal durchs Schlüsselloch.
Kurz darauf wird sie nach Auschwitz abtransportiert.
Direkt nach der Ankunft wird sie in der Gaskammer des Krematoriums II ermordet.
Es ist der 16. März 1943.

CLIP 11

Gabi lebt, solange wir uns an sie erinnern

Josef und Therese Aichele kommen nur schwer über den Verlust von Gabi hinweg.
Als Resi, ihre Jüngste, ein Kind bekommt, wird es auf den Namen Gabriele getauft.
„Damit die Mama wieder eine Gabi hat!“, sagt sie.
40 Jahre wird in Stiefenhofen über Gabi geschwiegen.
Dann erwähnt sie der Pfarrer in der Dorfchronik.
Ein „Erinnerungskreis Gabriele“ schaltet Todesanzeigen für Gabi,
lässt Messen für sie lesen.
Als Zeichen der Erinnerung will er eine Gedenktafel in Stiefenhofen aufhängen.
In der Pestkapelle wird stattdessen ein Glasfenster geschaffen,
auf dem ein Mädchen mit einem Judenstern dargestellt ist.
Die Gedenktafel kommt zunächst nach Oberstaufen.
2020 wird sie an der Pfarrkirche in Stiefenhofen angebracht.
1993 dreht Leo Hiemer den Film „Leni ... muss fort“, der Gabis kurzes Leben erzählt.
2019 erscheint sein Buch „Gabi. Geboren im Allgäu. Ermordet in Auschwitz“.

Die Wanderausstellung „Geliebte Gabi“ wird eröffnet.
„Die Jüdin und der Kardinal“ –
Das Stück von Leo Hiemer wird 2021 vom Theater in Kempten auf die Bühne gebracht.
Die Jüdin, das ist Gabis Mutti, Lotte Eckart, der Kardinal, das ist Kardinal Faulhaber in München.
Gabi lebt in unserer Erinnerung.

CLIP
12

Warum gibt es so viele Fotos von Gabi?

Lotte bringt ihre Tochter Gabi mit drei Wochen auf den Aichele-Hof.
Sie lässt einen Fotoapparat da, eine Agfa Box Tengua 43/4.
Gabis Aufwachsen soll festgehalten werden.
Anna, die Älteste, hier rechts, entdeckt ihre Leidenschaft für das Fotografieren.
Scherzhaft nennt sie sich die „Hof-Fotografin".
Bei jedem Besuch bringt Lotte einen Film mit.
So entstehen über die Jahre hunderte Fotos von Gabi:
Als Säugling bei Oma Anna Schwarz auf dem Schoß,
auf dem Sitzerle,
mit anderen Spielkameraden,
mit Nachbarskindern,
mit Mama und Papa, den Pflegeeltern Aichele,
beim Holzmachen,
mit dem Kälbchen,
auf Hofhund Frischle,
beim Hühnerfüttern,
ihrer großen Leidenschaft,
im Schnee,
mit Mutti auf dem Schlitten,
mit den Nachbarn,
beim Spielen im Hof,
beim Heuen auf der Wiese,
immer wieder mit Lotte,
die häufig zu Besuch kommt,
mit Mama und Mutti,
bei einer Taufe,
beim Milchwegbringen.

Die meisten Fotos zeigen Gabi draußen rund um den Hof.
Aufgrund der Lichtverhältnisse werden nur wenige in der Stube gemacht.
Lotte führt ein Fotoalbum, das Gabi gewidmet ist.

Für die Ausstellung wurde dieses Album rekonstruiert.
Es endet mit dem Vermerk:

„Hier bricht das Fotoalbum ab.
Gabis Mutti, Lotte Eckart,
wurde am 27. September 1941 verhaftet,
ins Frauenkonzentrationslager Ravensbrück überstellt und im Frühjahr 1942 in der Tötungsanstalt Bernburg ermordet."

Einige Fotos entstehen noch nach Lottes Ermordung.
Sie zeigen Gabi mit ihrer Freundin Elis,
mit Hund und Katz,
mit den Schafen …

Bis auch Gabi fort muss. –
Dieses Familienfoto mit Mama und Papa und ihren Schwestern Anna und Resi wird ihr zum Abschied mitgegeben.
Im Winter 1943 muss auch Gabi fort.
Sie stirbt in Auschwitz in der Gaskammer.

CLIP
13

Exponate: Sachen, die einmal Gabi gehört haben

In der Ausstellung werden auch Sachen gezeigt, die einmal Gabi gehört haben.
Ihre Baby-Schühchen sind erhalten.
Sie wurden in der Familie weiterverwendet.
Auch auf dem Sitzerle saßen nach Gabi noch viele Kinder.
Gabis Mutti Lotte brachte auch Spielsachen für Gabi auf den Hof.
Mit dem Würfelpuzzle hatte sie wohl schon selbst gespielt.
Diese Puppenwiege war das große Weihnachtsgeschenk des Jahres 1938 für Gabi.
Diese Kinderheugabel hat ihr Papa, Pflegevater Josef Aichele, extra für Gabi gemacht.
Sie war noch lange in der Familie in Gebrauch.
Lotte war eine begeisterte Skifahrerin.
Gabis Skier sind erhalten.
Auch der Fotoapparat, mit dem die vielen Fotos von Gabi gemacht wurden, ist in der Ausstellung zu sehen.
Lottes Fotoalbum für ihre Tochter Gabi ist allerdings nicht original.
Wir haben es für die Ausstellung rekonstruiert.
Auf dieser Schreibmaschine hat Lotte ihre Briefe geschrieben.
Später hat sie Resi, der jüngsten Aichele-Tochter, die Schreibmaschine geschenkt.
Mit diesem Koffer war Lotte 1938 in Amerika.
Die Initialen „L. E.“ stehen für „Lotte Eckart“.
Auch der Aufkleber des „Norddeutschen Loyd“ ist noch zu erkennen.
Das gute Geschirr von Lottes Familie in Augsburg wurde 1939/40 nach Stiefenhofen gebracht
und auf dem Aichele-Hof untergestellt, wo es die Zeiten überdauerte.
In die Tischdecken und Servietten sind die Initialen von Lottes Mädchennamen eingestickt:
„L. S.“ für Lotte Schwarz.
Dieser reich verzierte und vergoldete Prunkteller aus Meissner Porzellan gehörte einst Lottes Familie. Als die Juden 1939 sämtliche Wertsachen abgeben mussten, wurde das Familienerbstück unterschlagen.
Es fand den Weg auf den Aichele-Hof nach Stiefenhofen,
wo der Prunkteller viele Jahre aufbewahrt wurde.
Sämtliche Exponate wurden uns von Nachfahren der Familien Aichele und Schwarz für die Ausstellung zur Verfügung gestellt.

CLIP 14

Leo Hiemer liest aus seinem Buch „Gabi“: Die Abgabe

CLIP 15

Leo Hiemer liest aus seinem Buch „Gabi“: Berg am Laim

CLIP 16

Leo Hiemer liest aus seinem Buch „Gabi“: Auschwitz

CLIP 17

Eine Gedenktafel zieht um

Hier, in der Spinner-Kapelle Oberstaufen, hängt seit 1994 eine Gedenktafel.

„Gabriele Schwarz,
geboren 1937 in Marktoberdorf, gestorben 1943 im KZ Auschwitz. Die Mutter, jüdischer Abstammung, ging ihr 1942 im KZ Ravensbrück im Tode voraus.
Gabrieles Abschiedsworte:
‚Betet für mich,
ich bete für Euch'
Erinnerungskreis Gabriele 1994"

1985 fanden sich vier alte Männer zum Erinnerungskreis Gabriele zusammen: Rudolf Boch und Dr. Karl Häberle aus Lindenberg sowie Hans Geisenhof und Heinrich Obermeyer aus Oberstaufen.

Der Erinnerungskreis schlug Pfarrer und Bürgermeister von Stiefenhofen vor, eine Gedenktafel für Gabriele an der Stiefenhofener Kirche anzubringen.
Schließlich sei Gabi katholisch getauft und erzogen worden und habe fast ihr ganzes Leben in dem Dorf verbracht. Doch aus der Gedenktafel wurde zunächst nichts.
Stattdessen wurde in einem Glasfenster der Stiefenhofener Pestkapelle ein Mädchen mit einem Judenstern verewigt.
1994 ließ Heinrich Obermeyer die Platte schließlich doch gießen und in der Spinner-Kapelle Oberstaufen anbringen.
26 Jahre später ist es soweit: Die Tafel wird abgenommen.

Die Tafel zieht um –
von Oberstaufen nach Stiefenhofen.

Gabriele Schwarz wuchs als Pflegekind bei der Familie Aichele in Stiefenhofen auf.
Schon mit drei Wochen kam sie im Sommer 1937 auf den Hof.
Für die Aicheles war die Gabi wie ein eigenes Kind.
Gabis Mutter, Lotte Eckart, wurde 1941 verhaftet und kam ins KZ.
Im Frühjahr 1942 wurde sie umgebracht.
Da der Vater unbekannt blieb, galt Gabi als Vollwaise.
Im Februar 1943 mussten die Aicheles Gabi abgeben.
Über die Zwischenstation Berg am Laim in München kam sie nach Auschwitz.
Gabi starb mit fünf Jahren in der Gaskammer.

Pfarrer Mair und die Pfarrverwaltung haben dem Antrag von Leo Hiemer zugestimmt , die Tafel nach Stiefenhofen zu holen.
Auch die Familie Obermeyer als Eigentümerin der Tafel gab grünes Licht.

Heute ist es soweit:
die Gedenktafel für Gabriele Schwarz wird endlich an dem Ort angebracht, für den sie ursprünglich vorgesehen war: an der Stiefenhofener Kirche.
Eine kleine Nische an der Ostseite der Kirche neben einem stilisierten Kreuzweg ist wie geschaffen für ein stilles Gedenken, für ein Gebet, einen Segen.

GABRIELE SCHWARZ
GEB. 1937 IN MARKTOBERDORF
GEST. 1943 IM KZ AUSCHWITZ
DIE MUTTER, JÜDISCHER
ABSTAMMUNG, GING IHR
1942 IM KZ RAVENSBRÜCK
IM TODE VORAUS
GABRIELES ABSCHIEDSWORTE:
„BETET FÜR MICH,
ICH BETE FÜR EUCH"
·ERINNERUNGSKREIS·GABRIELE·1994·

Erinnern!
Nicht vergessen!

» Wer sich seiner Vergangenheit
nicht erinnert, ist dazu verdammt,
sie zu wiederholen. «

George Santayana

Wir haben die Ausstellung von Ort zu Ort erweitert. In jedem Standort der Ausstellung haben sich uns neue Opfer, neue Verfolgte, aufgetan. Wally Koch ist ein Beispiel für viele. Sie ist ein Beispiel dafür, wie sich die Taten von damals bis heute auf das Leben der Menschen auswirken.

Dieser QR-Code öffnet den Link direkt zum Film.

Wir erinnern nicht nur an Gabi. Wir erinnern an alle Kinder, die von den Nationalsozialisten getötet wurden. Wir erinnern an alle jüdischen Opfer, an alle getauften Opfer, an alle Opfer des NS-Regimes im vermeintlich so beschaulichen Allgäu.

Wir sammeln Erinnerungen, Erzählungen und Berichte aus der Region wie den von Wally Koch, die die tragische Geschichte ihrer Mutter erzählt, einer einfachen Allgäuer Wirtin. Hier wird uns bewusst: Jede und jeden hat es treffen können. Deshalb arbeiten wir gegen das Vergessen.

Im Sommer 2019 drehte Leo Hiemer ein Zeitzeugen-Interview mit der 85-jährigen Wally Koch in Wald/Ostallgäu. Frau Koch erzählt, wie ihre Mutter vor 75 Jahren verhaftet wurde und ein paar Monate später im Sarg zurück nach Hause kam. Angeblich Selbstmord. Wally Koch nimmt kein Blatt vor den Mund. Unverblümt zieht sie ihre eigenen Schlüsse aus dem Geschehen.

Pädagogische Handreichungen

Lernzirkel

Für Besuche der Ausstellung

Zu Beginn des Ausstellungsbesuchs erhält jede Schülerin und jeder Schüler einen Laufzettel mit Aufgaben, die sich auf die Ausstellung beziehen. Die Aufgaben können in Einzel- oder in Gruppenarbeit erledigt werden. Einige Aufgaben sind verpflichtend, die anderen sind Wahlaufgaben.

Lösungsvorschläge finden Sie ab Seite 78.

Pflichtaufgaben:

Aufgabe 1
Gabi allgemein

Nenne die wichtigsten Umstände und Besonderheiten in Gabis Leben!

Aufgabe 2
zu Gabis Familie

Gabi war getauft.
Erkläre, warum sie dennoch als Jüdin angesehen wurde!

Aufgabe 3
Gabis Lebenslauf

Vervollständige diesen lückenhaften Lebenslauf von Gabi!

Gabi hieß Gabriele __________ Sie wurde am __________ in Marktoberdorf im Ostallgäu geboren. Am nächsten Tag wurde sie katholisch getauft. Mit drei Wochen kam sie auf den Aichele-Hof nach __________ im Westallgäu. Josef und Therese Aichele nahmen sie dort als __________ auf. Ihre Mutter, __________ __________, war eine geborene Schwarz aus Augsburg. Sie war Jüdin. Doch auf Empfehlung von __________ in München wurde sie kurz vor Gabis Geburt katholisch getauft. Trotzdem galt sie im Deutschen Reich weiterhin als __________. Gabis __________ hat sie nie genannt, da es Juden damals in Deutschland verboten war, eine Beziehung mit __________ zu haben. Trotzdem galt Gabi als Jüdin. Ab 1. Januar 1939 mussten alle Jüdinnen den zusätzlichen Vornamen __________ annehmen. Gabi hieß jetzt offiziell „__________ __________ __________". Jetzt wussten alle, dass sie Jüdin war. Ihre Mutter wurde __________ verhaftet und ins Konzentrationslager eingeliefert. Im folgenden Jahr wurde sie in einer__________ umgebracht – weil sie Jüdin war. Gabi erlebte 1942 ihren schönsten Sommer: ein Mädchen aus __________ teilte mit ihr vier Wochen die Kammer. Sie hieß __________ und wurde ihre beste Freundin. Am 12. Februar 1943 überbrachte der Bürgermeister und __________ von Stiefenhofen den Befehl. Gabi musste am nächsten Morgen auf den ersten Zug gebracht werden. Sie durfte nicht bei ihren nicht-jüdischen __________ bleiben. Sie war ja Jüdin und musste nach München in die „__________ Berg am Laim". Vier Wochen später wurde das Heim geräumt. Sämtliche Insassen wurden in einen Zug gesteckt – auch Gabi. Vier Tage und __________ später erreichte der Zug sein Ziel: __________ Die Nichtarbeitsfähigen, die Alten, die Kranken und die __________, wurden noch in der gleichen Nacht ermordet. Gabi starb am 16. März 1943 in der __________.

Aufgabe 4
Gabis Freundin

Gabi hatte eine Freundin namens Elis. In der Ausstellung findest Du einen Bericht, den sie viele Jahre später über ihre Zeit mit Gabi geschrieben hat. Stell Dir vor, Du seist Elis und schreibst Deiner Mutter in Augsburg eine Ansichtskarte! Berichte ihr kurz von Gabi und dem Leben auf dem Bauernhof!

Aufgabe 5
Hörstation

In einer Hörstation kann man sich drei verschiedene Texte anhören.

Aufgabe 5a

Zur Abgabe: Fasse Gabis Abgabe zusammen!

Aufgabe 5b

Zu Berg am Laim: Zeige auf, welche Bedeutung Berg am Laim für Gabi hatte!

Aufgabe 5c

Zu Auschwitz: Schildere Gabis Tod!

Aufgabe 6
Videostation

In einer Videostation kann man fünf verschiedene Interviews mit Zeitzeugen ansehen.

Aufgabe 6a

Benenne die Zeitzeugen, die da zu Wort kommen!

Aufgabe 6b

Benenne die Person, die die vielen Fotos von Gabi gemacht hat!

Aufgabe 6c

Schildere, was mit dem Grab der Familie Aichele passiert ist, als von Gabi berichtet wurde!

Aufgabe 6d

Erkläre, warum manche Zeitzeugen Bedenken haben, dass Gabis Geschichte öffentlich erzählt wird!

Aufgabe 6e

1945 war der Krieg vorbei und der Nationalsozialismus Geschichte. Über Gabis Geschichte wurde lange geschwiegen. Auch heute gibt es Menschen, die der Meinung sind, dass es keinen Sinn macht, immer wieder über Geschichten aus der Zeit des Nationalsozialismus wie die von Gabi zu reden. Nenne Argumente gegen diese Haltung!

Aufgabe 7
Judenverfolgung

Zähle Umstände auf, die belegen, dass Gabi als Jüdin im Nationalsozialismus verfolgt wurde!

Wahlaufgaben:

Aufgabe 8 Gabis Familie	Erkläre, was das „Besondere“ an Gabis Familie war!
Aufgabe 9 Gabis Glück	Gabi ist auf einem Bauernhof im Allgäu aufgewachsen. Male ihr Lieblingstier und gib ihm einen Namen! Begründe Deine Wahl!
Aufgabe 10 Die „Nürnberger Gesetze“	Gabi galt für die Nationalsozialisten als „Volljüdin“. Die Begründung findest Du in der Grafik der „Nürnberger Gesetze“.
Aufgabe 10a	Nenne die Kriterien, aufgrund derer Gabi als „Volljüdin“ eingestuft wurde, und erläutere, welche Rolle die Tatsache dabei gespielt hat, dass sie getauft war!
Aufgabe 10b	Nenne eine Möglichkeit, die Gabis Mutter gehabt hätte, Gabis Einstufung als „Volljüdin“ zu verhindern!
Aufgabe 10c	Zeige auf, wen sie als Jüdin nach den „Nürnberger Gesetzen“ überhaupt noch hätte heiraten dürfen!
Aufgabe 11 Lottes Koffer	Erzähle die Geschichte von Lottes Koffer!

Aufgabe 12
Kardinal Faulhaber

Aufgabe 12a

Arbeite aus der folgenden Quelle die Haltung Kardinal Faulhabers zu den Juden in Deutschland allgemein heraus! Brief Kardinal Faulhabers an Kardinal Bertram, den Vorsitzenden der Fuldaer Bischofskonferenz, vom 23. Oktober 1936:

Quelle

„Der Staat hat das Recht, gegen Auswüchse des Judentums in seinem Bereich vorzugehen, im besonderen wenn die Juden als Bolschewisten und Kommunisten die staatliche Ordnung gefährden. Für jene Juden aber, die zur katholischen Kirche übertreten, wobei die reine Absicht der Konversion von kirchlicher Seite immer strenge geprüft wird, kann der Staat die beruhigende Sicherheit haben, dass es sich nicht um Kommunisten oder Bolschewisten handelt.
Die nationalsozialistische Weltanschauung verfolgt nach ihrem blut- und rassenmäßigen Grundsatz ‚Jude bleibt Jude' den getauften Juden in der gleichen Weise wie den ungetauften.
Für die Weltanschauung der Bischöfe ist der frühere Jude nach dem Pauluswort 2 Cor. 5,17 durch die Taufe ‚ein neues Geschöpf', ein wirkliches Kind der Kirche Gottes geworden und wir haben ihm ebenso wie jedem anderen Diözesanen in der Firmung die Hand aufgelegt. Damit hat der getaufte Jude ein Recht erworben, von den kirchlichen Stellen als Christ und nicht mehr als Jude behandelt und wenigstens nicht an die antisemitischen Feinde ausgeliefert zu werden."

Akten Kardinal Michael von Faulhabers (1917 – 1945), bearb. von Ludwig Volk, Bd. II, (Veröffentlichungen der Kommission für Zeitgeschichte Reihe A, Quellen, 26), Mainz 1978, Nr. 569, Faulhaber an Bertram, 23. 10. 1936, S. 179f.

Aufgabe 12b

Erläutere, inwiefern sich seine Haltung zu den getauften Juden unterscheidet!

Aufgabe 12c

Diskutiere mit Deinem Nachbarn/Deiner Lerngruppe die Frage, ob Faulhaber Gabi und ihrer Mutter Lotte „ausgeliefert" hat!

Aufgabe 12d

Kardinal Faulhaber hätte Gabi und ihre Mutter retten können. Überprüfe diese Aussage!

Aufgabe 12e

Beurteile Faulhabers Verhalten zu Gabis Mutter!

Aufgabe 13
Oberlehrer Pletzer

Oberlehrer Johann Pletzer berichtete 1947 von seinem Versuch, Gabi zu retten.

Aufgabe 13a Gib wieder, wie er Gabi beschrieben hat!

Aufgabe 13b Erläutere, warum er mit dem Fall Gabi befasst war!

Aufgabe 13c Zähle auf, was er nach eigener Aussage unternommen hat, um Gabi zu retten!

Aufgabe 13d Erläutere, warum seine Bemühungen nicht erfolgreich waren!

Aufgabe 13e Diskutiere mit Deinem Nachbarn / Deiner Lerngruppe andere Möglichkeiten, Gabi zu retten, und nenne wenigstens eine Möglichkeit!

Aufgabe 14
Die Gedenktafel

In der Ausstellung wird eine Gedenktafel für Gabi gezeigt.

Aufgabe 14a Du erhältst den Auftrag, eine Gedenktafel für Gabi zu entwerfen. Formuliere einen passenden Text!

Aufgabe 14b Beschreibe, wie Du die Tafel gestalten würdest!

Aufgabe 14c Fertige eine Skizze Deiner Gedenktafel für Gabi an!

Aufgabe 14d Erkläre, wo Du die Tafel am liebsten aufhängen würdest, und begründe Deine Wahl!

Aufgabe 15
Ausstellung allgemein

Aufgabe 15a Benenne Dein Lieblingsfoto von Gabi und begründe Deine Entscheidung!

Aufgabe 15b Benenne Dein liebstes Ausstellungsstück und begründe Deine Entscheidung!

Pädagogische Handreichungen: Zur digitalen Ausstellung

Hier finden Sie Aufgaben zu den einzelnen Clips.
Lösungsvorschläge finden Sie ab Seite 84.

Clip 1 Geliebte Gabi

#Ideologie des Nationalsozialismus: Rassenlehre; #Stigmatisierung der Juden; #Entrechtung, Verfolgung und Ermordung der Juden; #Leben im totalitären Staat: Familie, Dorf

Aufgabe 1

Erzähle Deinem Freund/Deiner Freundin von Gabi!

Aufgabe 2

Erzähle Deinem Freund/Deiner Freundin, was es in der Ausstellung zu sehen gibt!

Aufgabe 3

Nenne einen Gegenstand, der in der Ausstellung gezeigt wird, der Dir besonders im Gedächtnis geblieben ist! Begründe Deine Auswahl!

Clip 2 Gabis Mutti

#Ideologie des Nationalsozialismus: Rassenlehre; #Stigmatisierung der Juden; #Die Kirche im gleichgeschalteten Staat; #Entrechtung, Verfolgung und Ermordung der Juden; #Leben im totalitären Staat: Frauen, Stadt

Aufgabe 1

Versetze Dich in Gabis Mutti, Lotte Eckart, und erzähle in einem kleinen Text von Deiner Familie!

Aufgabe 2

Nenne drei Punkte, die belegen, dass Lotte weltoffen und privilegiert war.

Aufgabe 3

Erkläre, warum sich Lotte, Gabis Mutti, an Kardinal Faulhaber gewandt hat!

Clip 3 Das Schicksal der Augsburger Familie von Gabis Mutti

#Ideologie des Nationalsozialismus: Rassenlehre; #Stigmatisierung der Juden; #Entrechtung, Verfolgung und Ermordung der Juden; #Emigration von Juden

Aufgabe 1

Benenne die Mitglieder der Familie Schwarz und zeichne einen Stammbaum!

Aufgabe 2

Erläutere, inwiefern die Mitglieder der Familie Schwarz Opfer der Judenverfolgung wurden!

Aufgabe 3

Einige Mitglieder der Familie Schwarz haben die Verfolgung überlebt. Schildere, wie ihnen das gelungen ist und was aus ihnen geworden ist!

Clip 4 Wer ist Gabis Vater?

#Ideologie des Nationalsozialismus: Rassenlehre; #Verfolgung von Juden; # Auswirkungen in den Nachbarländern

Aufgabe 1

Angenommen, Gustav Biedermann aus Liechtenstein ist Gabis Vater. Erkläre, warum Lotte Gabis Vater niemals genannt hat!

Aufgabe 2

Gabi galt für die Nationalsozialisten als „Volljüdin". Die Begründung findest Du in folgender Quelle aus der 1. Verordnung zu den „Nürnberger Gesetzen". Gib wieder, aufgrund welcher Kriterien Gabi als Jüdin eingestuft wurde! Erläutere, welche Rolle dabei die Tatsache spielte, dass sie getauft war!

Quelle

„Als Jude gilt auch der von zwei volljüdischen Großeltern abstammende staatsangehörige jüdische Mischling, der aus einem außerehelichen Verkehr mit einem Juden im Sinne des Absatzes 1 stammt und nach dem 1. Juli 1936 außerehelich geboren wird."

1. Verordnung zum Reichsbürgergesetz, § 2 Absatz 2, vom 14.11.1935

Aufgabe 3

Prüfe die Möglichkeiten, die Lotte gehabt hätte, Gabis Einstufung als Jüdin nach den „Nürnberger Gesetzen" zu verhindern! Benenne den Personenkreis, der nach den „Nürnberger Gesetzen" für Lotte als Ehepartner infrage gekommen wäre! Gib ein Urteil ab, inwieweit sie eine solche Ehe vor der Verfolgung als Jüdin geschützt hätte!

Clip 5 Wie Gabi nach Stiefenhofen kam

#Die Kirche im gleichgeschalteten Staat;
#Leben im totalitären Staat: Familie, Frauen

Aufgabe 1

Schildere, wie es Lotte gelang,
noch vor Gabis Geburt getauft zu werden!

Aufgabe 2

Erkläre, was Lotte bewogen hat, sich taufen zu lassen!

Aufgabe 3

Die folgende Quelle ist ein weiterer Ausschnitt aus dem Brief von Lotte an Kardinal Faulhaber. Stelle Überlegungen an, warum sie ihm nichts von der Schwangerschaft schreibt!

Quelle

„Sehr verehrte Eminenz,
mit diesem Schreiben erlaube ich mir, Ihre Eminenz um ein Empfehlungsschreiben an das hiesige Pfarramt zu bitten, in dem Eminenz meinen Unterricht und Taufe befürworten. Es ist mir leider nicht möglich, Eminenz persönlich darum zu bitten, da ich gesundheitshalber momentan nicht von hier wegkann. Es wäre mir sehr viel daran gelegen, die Taufe nun während meines hiesigen Aufenthaltes vornehmen lassen zu können."

Lotte Eckart an Kardinal Faulhaber, 7. 4. 1937.
Erzbischöfliches Archiv München, Nachlass Faulhaber 9400

Clip 6 Gabis Pflegefamilie Aichele

#Leben im totalitären Staat: Familie, Dorf, Stadt;
#Die Kirche im gleichgeschalteten Staat

Aufgabe 1

Zähle die Mitglieder der Familie Aichele auf,
die Gabi als Pflegekind angenommen hat!

Aufgabe 2

Gabi wurde von den Aicheles katholisch erzogen. Nenne einige Elemente einer katholischen Erziehung in der damaligen Zeit!

Aufgabe 3

Nenne ein Gebet oder ein Kirchenlied für kleine Kinder!
Es muss nicht katholisch, es kann auch evangelisch sein
oder aus einer anderen Religion stammen.

Aufgabe 4

Lotte kommt aus einer gutsituierten Familie in Augsburg. Sie hat Gabi auf dem Aichele-Hof so oft wie möglich besucht. Erläutere, inwiefern sich das Leben auf dem Hof von dem Leben in der Stadt unterschieden hat.

Clip 7 Gabis Glück	#Leben im totalitären Staat: Familie, Dorf; #Zweiter Weltkrieg: Bombenkrieg
Aufgabe 1	Benenne Gabis menschliche und tierische Spielkameraden und Freunde!
Aufgabe 2	Gabis Freundin Elis kommt aus Augsburg. Für sie ist das Leben auf dem Bauernhof ungewohnt und spannend. Stell Dir vor, Du seist Elis und schreibst Deiner Mutter eine Postkarte nach Augsburg, in der Du von Gabi und dem Landleben berichtest! Schildere einen Tag mit Gabi bei den Aicheles!
Aufgabe 3	Elis kommt mit der Kinderlandverschickung auf den Aichele-Hof. Ordne den Begriff „Kinderlandverschickung" in den Verlauf des 2. Weltkriegs ein!

Clip 8 Gabriele Sara Schwarz

#Ideologie des Nationalsozialismus: Rassenlehre;
#Stigmatisierung der Juden

Aufgabe 1

Begründe, warum Gabi ab 1. Januar 1939 den weiteren Vornamen „Sara“ führen muss!

Aufgabe 2

Sieh Dir den folgenden Gesetzestext an und erkläre, warum Gabi als Jüdin galt.

Quelle

„Als Jude gilt auch der von zwei volljüdischen Großeltern abstammende staatsangehörige jüdische Mischling, der aus dem außerehelichen Verkehr mit einem Juden im Sinne des Absatzes 1 stammt und nach dem 1. Juli 1936 außerehelich geboren wird.“
Erste Verordnung zum Reichsbürgergesetz vom 14. November 1935, § 2 Absatz 2

Aufgabe 3

Erläutere anhand der folgenden Auszüge aus der Verordnung, warum Gabis Mutter Lotte als Jüdin galt.

Quelle

„Jude ist, wer von mindestens drei der Rasse nach volljüdischen Großeltern abstammt.“

„Als volljüdisch gilt ein Großelternteil ohne weiteres, wenn er der jüdischen Religionsgemeinschaft angehört hat.“
Erste Verordnung zum Reichsbürgergesetz vom 14. November 1935, § 5 Absatz 1

Aufgabe 4

Mache mit Deinem Sitznachbarn / Deiner Sitznachbarin ein Streitgespräch zum Thema:

„Ist es zulässig, Menschen in Rassen einzuteilen und dies von der Religionszugehörigkeit abhängig zu machen?“

Clip 9 Rettungsversuche: Die Jüdin und der Kardinal	#Die Kirche im gleichgeschalteten Staat; #Emigration von Juden
Aufgabe 1	Erläutere, woher Gabis Mutter Lotte den Münchner Kardinal Faulhaber kannte!
Aufgabe 2	Erläutere, welche Bedeutung Kardinal Faulhaber für Lotte hatte!
Aufgabe 3	Erläutere, warum Lotte in katholischen Kreisen auf Vorbehalte stieß!

Clip 10 Wie Gabi nach Auschwitz kam	#Ideologie des Nationalsozialismus: Rassenlehre; #Ziviler Widerstand; #Ermordung der Juden
Aufgabe 1	Gabi lebte mehr als fünf Jahre bei ihren Pflegeeltern auf dem Aichele-Hof. Erkläre, warum sie im Winter 1943 plötzlich ihre Heimat verlassen musste!
Aufgabe 2	Schildere die Bemühungen, die unternommen wurden, um Gabi als Jüdin vor dem Zugriff der Nationalsozialisten zu retten!
Aufgabe 3	Aicheles haben Gabi abgegeben. Suche nach einer Begründung für ihr Verhalten!
Aufgabe 4	Pflegevater Josef Aichele hat Gabi in Berg am Laim noch einmal durchs Schlüsselloch gesehen, aber er ist nicht zu ihr hineingegangen. Bewerte sein Verhalten!
Aufgabe 5	Ordne den Mord an Gabi in das Gesamtgeschehen des Holocaust ein!

Clip 11 Gabi lebt, solange wir uns an sie erinnern

#Erinnerungskultur

Aufgabe 1

Zähle verschiedenen Formen der Erinnerung an Gabi auf!

Aufgabe 2

Diskutiere mit Deinem Partner/Deiner Partnerin über die Frage, welche Form der Erinnerung am besten ist! Vergleiche die Vor- und Nachteile der einzelnen Formen!

Aufgabe 3

Nenne Gründe, warum wir uns an Gabi erinnern sollten!

Clip 12 Warum gibt es so viele Fotos von Gabi?

#Leben im totalitären Staat: Familie, Dorf

Aufgabe 1

Erläutere, warum es so viele Fotos von Gabi gibt!

Aufgabe 2

Du darfst ein Foto von Gabi mit nach Hause nehmen!
Begründe Deine Wahl!

Aufgabe 3

Die Fotos zeigen Gabis glückliche Kindheit.
Begründe, warum man Gabis Mutter Lotte nicht ansieht, dass sie sich Sorgen macht. Sie versucht ja von Anfang an, Gabi und sich selbst aus Deutschland zu retten.

Clip 13 Exponate: Sachen, die einmal Gabi gehört haben	#Leben im totalitären Staat: Familie, Dorf, Stadt; #Stigmatisierung der Juden; #Entrechtung und Verfolgung der Juden
Aufgabe 1	Nenne drei Sachen aus der Ausstellung, die einmal Gabi gehört haben!
Aufgabe 2	In der Ausstellung wird auch Gabis Kinderheugabel gezeigt. Erläutere, wodurch sich dieses Ausstellungsstück von den anderen unterscheidet!
Aufgabe 3	Nenne drei Sachen, die einmal Gabis Mutti Lotte gehört haben!
Aufgabe 4	In der Ausstellung wird auch ein Prunkteller gezeigt, der einmal der Familie von Gabis Mutti Lotte in Augsburg gehört hat. Überlege zusammen mit Deinem Partner/Deiner Partnerin, warum es etwas Besonderes ist, dass er in der Ausstellung gezeigt werden kann! Erläutert Eure Einschätzung!
Clip 14 Leo Hiemer liest aus seinem Buch „Gabi“: Die Abgabe	#Ideologie des Nationalsozialismus: Rassenlehre; #Stigmatisierung der Juden; #Entrechtung und Verfolgung der Juden
Aufgabe 1	Schildere, was Gabi am 13. Februar 1943 erlebt hat!
Aufgabe 2	Nenne Gründe, warum ihre Pflegeeltern Gabi abgegeben haben!
Aufgabe 3	Gabi hat zum Abschied zu ihrer Pflegemutter gesagt: „Gell, Mama, Du betest für mich und ich bete für Euch!“ Erkläre, warum sie das gesagt hat!
Aufgabe 4	Ordne den Befehl, Gabi abzugeben, in den Zusammenhang des Holocaust ein!

Clip 15	Leo Hiemer liest aus seinem Buch „Gabi“: Berg am Laim	#Ideologie des Nationalsozialismus: Rassenlehre; #Entrechtung und Verfolgung der Juden; #Ziviler Widerstand
Aufgabe 1		Nenne die beiden Personen, die sich nach Gabis Abgabe bemüht haben, Gabi zurückzubekommen!
Aufgabe 2		Schildere die Bemühungen der beiden, Gabi zurückzubekommen!
Aufgabe 3		Oberlehrer Pletzer forderte bei der Gestapo eine Blutuntersuchung von Gabi an der Universität München. Schätze die Erfolgsaussichten seiner Forderung ein! Beurteile sein Vorgehen!

Clip 16	Leo Hiemer liest aus seinem Buch „Gabi“: Auschwitz	#Verfolgung und Vernichtung der Juden
Aufgabe 1		Am 13. März 1943 wurde die „Heimanlage für Juden Berg am Laim“ in München geräumt. Gib mit eigenen Worten wieder, was die nächsten Tage mit Gabi geschah!
Aufgabe 2		Nenne einige wichtige Fakten zur Ermordung von Juden in Auschwitz!

Clip 17 Eine Gedenktafel zieht um

#Erinnerungskultur

Aufgabe 1

Gib den Text der Gedenktafel für Gabi wieder!

Aufgabe 2

Weder Stiefenhofen, wo Gabi aufgewachsen ist, noch ihre Pflegefamilie Aichele werden in dem Gedenktafeltext genannt. Erläutere mögliche Gründe!

Aufgabe 3

Entwirf einen eigenen Text für eine Gedenktafel, die Gabi gewidmet ist!

Aufgabe 3

Zeichne Deine Gedenktafel für Gabi mit Deinem Text und erläutere, wo Du sie am liebsten aufhängen würdest!

Lösungsvorschläge

Lernzirkel

Aufgabe 1

Ein Mädchen aus dem Allgäu.
Ein Mädchen, das in Auschwitz ermordet wurde.
Die Tochter einer Jüdin, die getauft war und auch Gabi taufen ließ.
Ein Pflegekind auf einem Bauernhof im Allgäu.

Aufgabe 2

Nach den „Nürnberger Gesetzen“ galt Gabi eigentlich als „Mischling 1. Grades“. Nach einer Sonderbestimmung galt sie dennoch als „Volljüdin“.

Aufgabe 3:

Lösungswörter (in der Reihenfolge des Textes): Schwarz - 24. Mai 1937 - Stiefenhofen - Pflegekind - Charlotte Eckart - Kardinal Faulhaber - Jüdin - Vater - Nicht-Juden - Sara - Gabriele Sara Schwarz - 1941 - Tötungsanstalt - Augsburg - Elis - Ortsgruppenleiter - Pflegeeltern - Heimanlage für Juden - drei Nächte - Auschwitz - Kinder - Gaskammer.

Vervollständigter Text:

„Gabi hieß Gabriele Schwarz. Sie wurde am 24. Mai 1937 in Marktoberdorf im Ostallgäu geboren. Am nächsten Tag wurde sie katholisch getauft. Mit drei Wochen kam sie auf den Aichele-Hof nach Stiefenhofen im Westallgäu. Josef und Therese Aichele nahmen sie dort als Pflegekind auf. Ihre Mutter, Lotte Eckart, war eine geborene Schwarz aus Augsburg. Sie war Jüdin. Doch auf Empfehlung von Kardinal Faulhaber in München wurde sie kurz vor Gabis Geburt katholisch getauft. Trotzdem galt sie im Deutschen Reich weiterhin als Jüdin. Gabis Vater hat sie nie genannt, da es Juden damals in Deutschland verboten war, eine Beziehung mit Nicht-Juden zu haben. Trotzdem galt Gabi als Jüdin. Ab 1. Januar 1939 mussten alle Jüdinnen den zusätzlichen Vornamen Sara annehmen. Gabi hieß jetzt offiziell „Gabriele Sara Schwarz". Jetzt wussten alle, dass sie Jüdin war. Ihre Mutter wurde 1941 verhaftet und ins Konzentrationslager eingeliefert. Im folgenden Jahr wurde sie in einer Tötungsanstalt umgebracht - weil sie Jüdin war. Gabi erlebte 1942 ihren schönsten Sommer: Ein Mädchen aus Augsburg teilte mit ihr vier Wochen die Kammer. Sie hieß Elis und wurde ihre beste Freundin. Am 12. Februar 1943 überbrachte der Bürgermeister und Ortsgruppenleiter von Stiefenhofen den Befehl. Gabi musste am nächsten Morgen auf den ersten Zug gebracht werden. Sie durfte nicht bei ihren nicht-jüdischen Pflegeeltern bleiben. Sie war ja Jüdin und musste nach München in die „Heimanlage für Juden Berg am Laim". Vier Wochen später wurde das Heim geräumt. Sämtliche Insassen wurden in einen Zug gesteckt - auch Gabi. Vier Tage und drei Nächte später erreichte der Zug sein Ziel: Auschwitz. Die Nichtarbeitsfähigen, die Alten, die Kranken und die Kinder, wurden noch in der gleichen Nacht ermordet. Gabi starb am 16. März 1943 in der Gaskammer."

Aufgabe 4

Ich bin auf dem Aichele-Hof in Stiefenhofen. – Dort gibt es ein fünfjähriges Mädchen. Sie heißt Gabi. Wir sind Freundinnen geworden. – Ich habe mit Gabi zusammen in der Scheune geschaukelt. – Es gibt viele Tiere auf dem Hof: einen Hund, Katzen, Kühe, Kälbchen, Hühner, Tauben, Truthähne, Tauben. – Wir spielen den ganzen Tag rund um den Hof mit den Tieren oder schauen ins Gärtchen. – Es gibt jeden Tag leckere Bratkartoffeln, Butterbrot und Milch.

Aufgabe 5

Aufgabe 5a

Gabi wurde am 13. Februar 1943 am Bahnhof Immenstadt an die Fürsorgeschwester Groth übergeben.

Aufgabe 5b

In Berg am Laim befand sich ein Vincentinerinnen-Kloster.
Dort war eine „Heimanlage für Juden" untergebracht.
Gabi war einen Monat, vom 13. Februar bis zum 13. März 1943, dort untergebracht. Berg am Laim war für Gabi nur eine Zwischenstation auf dem Weg nach Auschwitz.

Aufgabe 5c

Gabi ist in der Gaskammer gestorben.
Gabi wurde mit Zyklon B vergiftet.
Gabi wurde mit den anderen in einen Raum gesperrt, der als Bad ausgegeben wurde. Aus den Duschen kam aber kein Wasser. Ein SS-Mann hat vom Dach aus Tabletten in vergitterte Säulen eingefüllt, die ein Nervengift freisetzten, an dem alle Menschen in der Gaskammer starben. Auch Gabi.

Aufgabe 6

Aufgabe 6a

Resi Baumann, Anna Embritz, Hieronymus Aichele.
Alle drei waren Kinder von Gabis Pflegeeltern Aichele, also sowas wie Gabis Geschwister.

Aufgabe 6b

Anna Embritz, die älteste Tochter der Familie Aichele.

Aufgabe 6c

Ein Teil des Grabsteins wurde umgerissen.

Aufgabe 6d

Sie befürchten Schwierigkeiten und Ärger für sich als Nachkommen von Gabis Pflegefamilie.
Sie sehen keinen Sinn darin, an die Geschichte zu erinnern, weil Gabi schon lange tot ist und nicht mehr lebendig gemacht werden kann.
Sie wollen nicht, dass alter Streit im Dorf wieder angefacht wird.

Aufgabe 6e

Wir müssen aus der Geschichte lernen, damit solche schrecklichen Dinge wie mit Gabi nicht wieder passieren.
Wenn wir unsere Geschichte verdrängen und uns nicht mit ihr auseinandersetzen, die Opfer vergessen und nicht daran denken, was die Täter angerichtet haben, kann das alles nochmal passieren.

Aufgabe 7
Judenverfolgung

Gabi galt für die Nationalsozialisten aufgrund ihrer Abstammung trotz Taufe als Jüdin.
Gabi musste ab 1. 1. 1939 den Namen „Sara“ als weiteren Vornamen führen.
Gabi durfte als Jüdin nicht bei „arischen“ Pflegeeltern bleiben und musste ihre Heimat verlassen. Gabi musste in die „Heimanlage für Juden Berg am Laim“ in München.
Gabi wurde nach Auschwitz gebracht und dort ermordet.

Wahlaufgaben:

Aufgabe 8
Gabis Familie

Gabis Familie war eine Bauernfamilie, aber sie hatte auch Kontakt zu Menschen aus der Stadt, weil Gabis Mutter Lotte aus einer Kaufmannsfamilie in Augsburg stammte.
Die Bauernfamilie von Gabi hatte durch Gabi Kontakt zu Juden. Gabis Mutter war oft zu Besuch und brachte Geschenke mit.

Aufgabe 10
Die „Nürnberger Gesetze"

Aufgabe 10a

Für Gabi war die Tochter einer Jüdin und eines Nicht-Juden und wurde deshalb als „Mischling 1. Grades" eingestuft. Da sie aus verbotenem außerehelichen Verkehr mit einem Juden stammte und nach dem Stichtag, 31. Juli 1936, außerehelich geboren wurde, traf für sie eine Regelung für Sonderfälle zu, weshalb sie als „Volljüdin" galt. Die Taufe spielte für diese Einstufung keine Rolle.

Aufgabe 10b

Sie hätte während der Schwangerschaft heiraten können. Damit wäre Gabi wenigstens nicht außerehelich geboren worden.

Aufgabe 10c

Gabis Mutter hätte nur einen Juden oder sonstigen Nicht-„Deutschblütigen" heiraten können.

Aufgabe 11
Lottes Koffer

Durch die Initialen „L.E." ist er eindeutig als Koffer von Lotte Eckart gekennzeichnet. Durch den Aufkleber des „Norddeutschen Lloyd" ist klar, dass der Koffer mit einem Schiff dieser Gesellschaft transportiert wurde. Tatsächlich war Lotte Eckart im Sommer 1938 als Touristin in Amerika, um ihre Auswanderung vorzubereiten und sich nach Arbeitsmöglichkeiten umzusehen. Der Koffer kehrte mit Lotte Eckart nach Deutschland zurück. Er wurde auf dem Bauernhof der Familie Aichele deponiert und überdauerte dort die Zeiten.

Aufgabe 12
Kardinal Faulhaber

Aufgabe 12a

Faulhaber gesteht dem Staat zu, gegen die Juden vorzugehen, insbesondere wenn sie Bolschewisten und Kommunisten sind.

Aufgabe 12b

Juden, die keine Bolschewisten und Kommunisten sind, können durch die Taufe in die katholische Kirche aufgenommen werden. Sie sind damit keine Juden mehr, sondern Christen.

Aufgabe 13
Oberlehrer Pletzer

Aufgabe 13a

Er schrieb, sie sei ein selten schönes, liebenswertes und begabtes Kind gewesen.

Aufgabe 13b

Als Jugendhelfer von Stiefenhofen und Harbatshofen hatte er alle Waisenkinder, Kinder von ledigen Müttern und gefährdete Kinder zu betreuen.

Aufgabe 13c

Als Gabi 1939 ihren Pflegeeltern weggenommen werden sollte, machte er eine Eingabe und erreichte, dass Gabi bei ihren Pflegeeltern bleiben durfte. Nachdem Gabi den Pflegeeltern 1943 auf Gestapobefehl weggenommen worden war, fuhr er mit dem Pflegevater zur Gestapo nach München. Dort verlangte er die Herausgabe des Kindes für eine Blutuntersuchung an der Universität München.

Aufgabe 13d

Die Herausgabe von Gabi wurde Pletzer zwar in Aussicht gestellt, doch war Gabi beim nächsten großen Transport dabei, dessen Spuren nicht weiterverfolgt werden konnten.

Aufgabe 13e

Man hätte Gabi aus der „Heimanlage für Juden Berg am Laim“ befreien können. Man hätte Gabi schon vorher in Sicherheit bringen können, z. B. durch die Flucht über den Bodensee in die Schweiz. Man hätte Gabi bis zum Ende des Krieges irgendwo verstecken können.

Lösungsvorschläge: Zur digitalen Ausstellung

Clip 1 Geliebte Gabi

Aufgabe 1

Gabi war ein kleines Mädchen, das auf einem Bauernhof im Allgäu aufwuchs. Mit fünf Jahren musste sie fort und wurde in Auschwitz ermordet, weil es Jüdin war. Damals herrschten in Deutschland die Nationalsozialisten. Die Juden wurden verfolgt und umgebracht.

Aufgabe 2

Sachen von Gabi und Fotos.

Clip 2 Gabis Mutti

Aufgabe 1

Ich heiße Lotte. Ich komme aus Augsburg. Meine Eltern besaßen ein Anwesen am Predigerberg. Wir waren eine gut situierte, bürgerliche Familie jüdischen Glaubens. Wir waren drei Schwestern. Ich war die jüngste. Zusammen mit meinen älteren Schwestern und christlichen Kindern besuchte ich die höhere Schule.

Aufgabe 2

Lotte und ihre beiden Schwestern konnten die höhere Schule besuchen. Auf der Schule wurden sie auch mit dem christlichen Glauben vertraut. Lotte hatte die Möglichkeit, eine Ausbildung zu machen und im Ausland zu arbeiten. Lotte war eine begeisterte Skifahrerin, das heißt, sie hatte Zeit und Geld für Sport übrig. Lotte heiratete einen ehemaligen Offizier und hatte Zugang zu Kardinal Faulhaber.

Aufgabe 3

Lotte wollte getauft werden, als sie hochschwanger war. Man verlangte eine Empfehlung, die ihr Kardinal Faulhaber in München auch ausstellte. Er kannte ihren verstorbenen Ehemann aus dem 1. Weltkrieg. Von der Taufe versprach sich Lotte Eckart Hilfe und Schutz durch die Kirche und den Kardinal. Lotte wurde auf Empfehlung von Kardinal Faulhaber getauft, und auch Gabi konnte ohne Weiteres getauft werden.

Clip 3 Das Schicksal der Augsburger Familie von Gabis Mutti

Aufgabe 1

Vater Karl Schwarz, Mutter Anna Schwarz, Töchter Emmy, Hansi und Lotte.

Aufgabe 2

Mutter Anna Schwarz wurde alles genommen. Sie setzte ihrem Leben 1939 ein Ende. Die älteste Schwester Emmy musste 1934 mit ihrem Mann Deutschland verlassen und emigrieren. Die mittlere Schwester Hansi musste ihren Sohn nach Kroatien in Sicherheit bringen. 1941 wurde sie verhaftet, ins Konzentrationslager gebracht und ermordet.
Lotte, die jüngste, wurde wie ihre Schwester Hansi 1941 verhaftet, ins Konzentrationslager gebracht und ermordet.

Aufgabe 3

Aus der Familie Schwarz überlebten nur Emmy, die älteste Tochter, die erst nach Frankreich, dann in die Vereinigten Staaten emigrierte, und Hansis Sohn René in Kroatien. Emmy kehrte nach dem Krieg nach Deutschland zurück, wo ihr Mann Leiter der Gesundheitsbehörde in Hamburg wurde. René kehrte ebenfalls zurück und lebte bis zu seinem Tod als Kriegsblinder in Augsburg.

Clip 4 Wer ist Gabis Vater?

Aufgabe 1

Für die Nationalsozialisten war die Verbindung zwischen Juden und Nicht-Juden ein Verbrechen, das sie als „Rassenschande" bezeichneten. Wenn sie einen nicht-jüdischen Vater angegeben hätte, hätte sie sich selbst belastet: Sie hätte nämlich zugegeben, „Rassenschande" begangen zu haben.

Aufgabe 2

Gabi stammte von zwei volljüdischen Großeltern ab. Als Tochter einer Jüdin und eines Nicht-Juden galt sie als „Mischling 1. Grades". Da sie aus verbotenem außerehelichen Verkehr mit einem Juden, nämlich ihrer Mutter Lotte, stammt und nach dem Stichtag, 31. Juli 1936, außerehelich geboren wurde, galt sie als Jüdin. Die Taufe spielte für diese Einstufung keine Rolle.

Aufgabe 3

Lotte hätte während der Schwangerschaft heiraten können. Damit wäre Gabi wenigstens nicht außerehelich geboren worden. Sie hätte allerdings nur einen Juden oder sonstigen Nicht-„Deutschblütigen" heiraten können, was weder sie selbst noch Gabi geschützt hätte.

Clip 5 Wie Gabi nach Stiefenhofen kam

Aufgabe 1

Sie wandte sich an Kardinal Faulhaber, der ihren 1934 verstorbenen Mann persönlich gekannt hatte. Sie schrieb ihm einen Brief und bat ihn um eine Empfehlung zur Taufe. Prompt kam die Empfehlung des Kardinals, und Lotte wurde umgehend getauft.

Aufgabe 2

Sie versprach sich als Jüdin von der Taufe Schutz vor Verfolgung. Sie wollte Gabi bei der Familie Aichele in Pflege geben.
Die Bauern waren katholisch und konnten sich nicht vorstellen, ein nichtgetauftes Kind anzunehmen.

Aufgabe 3

Lotte befürchtete, dass Kardinal Faulhaber ihr keine Empfehlung geben würde, wenn sie ihm erzählte, dass sie schwanger ist. Lotte war ja Witwe, also nicht verheiratet. Die katholische Kirche betrachtete uneheliche Schwangerschaften als Verstoß gegen das Sittengesetz. Der Kardinal hätte vermutlich dann auch unangenehme Fragen nach dem Vater des Kindes gestellt.

Clip 6 Gabis Pflegefamilie Aichele

Aufgabe 1

Vater: Josef Aichele, Mutter: Therese Aichele,
Söhne: Josef und Hieronymus, Töchter: Anna und Resi.

Aufgabe 2

Mit Gabi wurde gebetet. Gabi musste an den Feiertagen und am Sonntag mit in die Kirche. Gabi erlebte Weihnachten als das Fest der Geburt von Jesus. Gabi erlebte Ostern als das Fest der Auferstehung von Jesus. Gabi hörte von Adam und Eva, von Jesus und Maria und von den Heiligen. Einmal erlebte sie eine Taufe mit und durfte sogar die Taufkerze tragen.

Aufgabe 3

„Ich bin klein, mein Herz ist rein, soll niemand drin wohnen als Jesulein! Amen", „Gegrüßet seist du Maria", „Vater unser", Weihnachtslieder: „Alle Jahre wieder", „Stille Nacht, Heilige Nacht", „Ihr Kinderlein kommet".

Aufgabe 4

Die Bauern hatten nicht so viel Geld. Es gab einfache Speisen, ein Plumpsklo, kein Bad, im Winter wurde nur die Küche geheizt, man arbeitete viel draußen bei Wind und Wetter.

Clip 7 Gabis Glück

Aufgabe 1

Menschen: die Aichele-Töchter Anna und Resi, Nachbarsbub Xaver Keck, ihre Freundin Elisabeth Walch genannt Elis.
Tiere: Hofhund Frischle, Kälbchen, Truthahn, Hühner.

Aufgabe 2

Am Morgen werden wir, meine Freundin Gabi und ich, geweckt. Zum Frühstück gibt es Marmeladenbrot oder Honigbrot. Dann spielen wir mit dem Hofhund und füttern die Hühner. Manchmal helfen wir auch den Großen beim Heuen oder im Garten. Abends gibt es Bratkartoffen und Milch, soviel wir wollen. Dann sind wir müde und gehen ins Bett. Bevor wir einschlafen, erzählen wir uns noch was.

Aufgabe 3

Ende 1940 wurden die ersten deutschen Städte von den Alliierten bombardiert. Um die Kinder vor den Bomben in Sicherheit zu bringen, wurden sie aufs Land geschickt. Dieser Vorgang wurde „Kinderlandverschickung" genannt.

Clip 8 Gabriele Sara Schwarz

Aufgabe 1

Alle Jüdinnen mussten diesen zusätzlichen Vornamen tragen. Gabi galt für die Nationalsozialisten als Jüdin.

Aufgabe 2

Gabi entsprach allen in der Verordnung genannten Kriterien: Da Gabis Mutter Lotte aus einer jüdischen Familie stammte, hatte sie zwei volljüdische Großeltern. Gabi war Staatsangehörige des Deutschen Reiches. Da ihre Eltern nicht verheiratet waren, stammte sie aus „außerehelichem Verkehr". Ein Elternteil war Jude, da Gabis Mutter Jüdin war. Gabi wurde nach dem 1. Juli 1936 außerehelich geboren.

Aufgabe 3

Lotte galt als Jüdin, da sie zwei jüdische Eltern und vermutlich vier jüdische Großeltern hatte.

Clip 9 Rettungsversuche: Die Jüdin und der Kardinal

Aufgabe 1

Kardinal Faulhaber kannte ihren verstorbenen Ehemann, Hauptmann a. D. Wilhelm Eckart, aus dem Ersten Weltkrieg.

Aufgabe 2

Nach dem Tod ihres Mannes hat sie ihn um die Taufe gebeten. 1937 wurde sie auf seine Empfehlung getauft. Im gleichen Jahr hat er ihr eine Empfehlung für Amerika ausgestellt. Kardinal Faulhaber fehlte der letzte Mut, sie zu retten.

Aufgabe 3

Ihre Tochter war unehelich und sie ließ Gabi von fremden Leuten erziehen. Das widersprach den Vorstellungen der katholischen Kirche, weshalb sie nicht als „katholische Persönlichkeit" galt.

Clip 10 Wie Gabi nach Auschwitz kam

Aufgabe 1

Gabi galt nach den „Nürnberger Gesetzen" als Jüdin. Nach der Ermordung ihrer Mutter durfte sie nicht mehr bei ihren „arischen" Pflegeeltern bleiben.

Aufgabe 2

Als Gabi auf Befehl abgegeben werden musste, versuchten die Aicheles, das Kind zurückzubekommen. Oberlehrer Pletzer und Josef Aichele sprachen sogar bei der Gestapo in München vor, von der der Befehl zur Abgabe stammte.

Aufgabe 3

Aicheles hatten vermutlich Angst, dass man sie bestraft, wenn sie dem Befehl der Gestapo nicht nachkommen und Gabi abgeben.

Aufgabe 4

Das war vermutlich verboten. Außerdem hätte Gabi sicher mit ihm heimgehen wollen und hätte geweint und geschrien. Das wollte ihr Pflegevater nicht. Er hat sich richtig verhalten.

Aufgabe 5

Die Nationalsozialisten betrachteten die Juden als minderwertige „Rasse", die ausgerottet werden müsse. Auch Jugendliche, Kinder und Babys galten als Angehörige von „Rassen". Nach den „Nürnberger Gesetzen" zählte auch Gabi zur „jüdischen Rasse". Die Nationalsozialisten ermordeten mit voller Absicht auch Kinder, weil sie das Fortbestehen der „jüdischen Rasse" fürchteten. Sie wollten einfach alle töten.

Clip 11 Gabi lebt, solange wir uns an sie erinnern

Aufgabe 1

Es gibt eine Frau, die in Erinnerung an Gabi auch auf den Namen Gabriele getauft wurde. Gabi ist in der Dorfchronik erwähnt. Es gab Todesanzeigen für sie in der Zeitung. Es gibt ein Glasfenster in der Pestkapelle, auf dem ein Mädchen mit einem Judenstern zu sehen ist. Es gibt eine Gedenktafel für Gabi. Es gibt einen Spielfilm, der Gabis Leben erzählt. Es gibt ein Buch über sie. Es gibt die Ausstellung „Geliebte Gabi".

Aufgabe 3

Damit sie nicht vergessen wird. Stellvertretend für alle Kinder, die damals ermordet wurden, sollte man sich an Gabi erinnern. Dadurch, dass es so viele Fotos und Sachen von ihr gibt, kann man sie sich gut vorstellen. Von vielen ermordeten Kindern weiß man nicht viel, und es gibt kaum Fotos. Man muss wissen, wie es zu Gabis Ermordung kommen konnte und wer dafür verantwortlich war, damit sich so ein Mord an einem Kind bei uns nie mehr wiederholt. Damit die Nazis keine Chance mehr haben.

Clip 12 Warum gibt es so viele Fotos von Gabi?

Aufgabe 1

Gabis Mutter Lotte ließ einen Fotoapparat auf dem Hof, auf dem sie ihre Tochter in Pflege gegeben hatte. Gabis Aufwachsen sollte festgehalten werden. Anna, die älteste Tochter, entdeckte ihre Leidenschaft fürs Fotografieren und machte hunderte Fotos von Gabi.

Aufgabe 3

Gabi erlebte eine glückliche Kindheit. Lotte freute sich bei ihren Besuchen an Gabi. Ihre Sorgen und ihren Kummer wollte sie weder Gabi noch auf den Fotos zeigen.

Clip 13 Exponate: Sachen, die einmal Gabi gehört haben

Aufgabe 1

Ihre Baby-Schühchen, das Sitzerle, das Würfelpuzzle, die Puppenwiege, die Kinderheugabel, Gabis Ski.

Aufgabe 2

Die Kinderheugabel hat ihr Papa, Pflegevater Johann Aichele, extra für sie gemacht. Die meisten anderen Ausstellungsstücke und Geschenke bekam sie von ihrer Mutti Lotte. Die Kinderheugabel ist kein Spielzeug. Mit ihr konnte Gabi beim Heuen helfen und ein bisschen mitarbeiten.

Aufgabe 3

Der Fotoapparat, ihre Schreibmaschine, ihr Koffer, Geschirr von Lottes Familie aus Augsburg, Tischdecken und Servietten mit ihren Initialen, der Prunkteller.

Aufgabe 4

Der Prunkteller ist reich verziert und vergoldet. Bestimmt ist er sehr wertvoll. Er war auch ein Familienerbstück. Als 1939 die Juden sämtliche Wertsachen abgeben mussten, hätte auch er abgegeben werden müssen. Offenbar wurde er aber nicht abgegeben. Er wurde auf den Aichele-Hof in Sicherheit gebracht, wo er viele Jahre aufbewahrt wurde. Erstaunlich ist, dass so etwas Zerbrechliches wie ein Porzellanteller alles unbeschadet überstanden hat.

Clip 14 Leo Hiemer liest aus seinem Buch „Gabi“: Die Abgabe

Aufgabe 1

Gabi musste ganz früh aufstehen und ist mit dem Pferdeschlitten zum Zug gefahren worden. Auf dem Bahnhof Immenstadt wurde sie an eine Fürsorgeschwester übergeben.

Aufgabe 2

Der Befehl, Gabi am nächsten Morgen auf den ersten Zug zu bringen, kam erst am Vortag. Er wurde vom Bürgermeister und Ortsgruppenleiter nur mündlich ausgerichtet, und es blieb nur wenig Zeit, etwas gegen diesen Befehl zu unternehmen.
Sie hatten Angst, dass ihnen etwas passiert, wenn sie Gabi nicht abgeben. Gabis Vormund, Dr. Dreifuß in Augsburg, hat ihnen geraten, das Kind herzugeben, weil man sie sonst an die Wand stellen, d.h. erschießen würde.

Aufgabe 3

Gabis Mama hat viel mit ihr gebetet, so dass sie beim Abschied auf diese Idee kam, dass man füreinander betet. Gabi meinte, wenn man füreinander betet, würde alles gut oder wäre wenigstens leichter zu ertragen. Gabi wollte ihre Mama beruhigen.

Aufgabe 4

Im Januar 1942 wurde auf der Wannseekonferenz in Berlin die Organisation der Vernichtung des europäischen Judentums besprochen, die in den folgenden Jahren durchgeführt wurde.
Die großen Deportationen von Juden aus dem Deutschen Reich hatten schon im Oktober 1941 begonnen. Als am 12. Februar 1943 der Befehl zur Abgabe von Gabi erging, waren diese längst vorbei. 1943 wurden die letzten Reste der jüdischen Bevölkerung Deutschlands deportiert, unter ihnen Juden, die bislang verschont worden waren, Juden, die mit Nicht-Juden verheiratet waren, sowie getaufte Juden. Der Befehl, Gabi abzugeben, diente der Vorbereitung der Deportation, nämlich der Konzentration von Juden in Sammellagern oder Ghettos, von wo aus die eigentlichen Deportationen abgewickelt wurden.

Clip 15 Leo Hiemer liest aus seinem Buch „Gabi“: Berg am Laim

Aufgabe 1

Gabis Papa, Pflegevater Josef Aichele, und Oberlehrer Johann Pletzer.

Aufgabe 2

Gabis Pflegevater Josef Aichele informierte Oberlehrer Johann Pletzer über die Abgabe von Gabi. Pletzer wollte das Kind zurückholen und sprach deswegen mit dem Bürgermeister und Ortsgruppenleiter und mit dem Landrat. Josef Aichele und Johann Pletzer fuhren zusammen nach München und verlangten von der Gestapo die Herausgabe von Gabi. Sie fuhren auch nach Berg am Laim, wo Gabi in der „Heimanlage für Juden“ untergebracht war. Ihr Papa, Pflegevater Josef Aichele, sah sie sogar nochmal durchs Schlüsselloch. Sie durften sie aber nicht mitnehmen.

Aufgabe 3

Oberlehrer Pletzer bezog sich auf die Rassenlehre der Nationalsozialisten, die die Qualität von Menschen von ihrer Zugehörigkeit zu einer bestimmten Rasse abhängig machten. Diese leiteten die Nationalsozialisten von der Abstammung des einzelnen Menschen ab. In den Rassegesetzen von Nürnberg wurden den Juden die „Deutschblütigen“ als hochwertige Rasse gegenübergestellt. Die Zugehörigkeit von Gabi zur „jüdischen Rasse“ stellte Oberlehrer infrage und verlangte die Untersuchung ihres Blutes, da Gabi seiner Ansicht nach „deutschblütig“ war. Die Forderung war völlig absurd, denn weder die von den Nationalsozialisten behauptete Zugehörigkeit zur „jüdischen Rasse“ noch die „Deutschblütigkeit“ konnte durch eine Laboruntersuchung des Blutes bewiesen werden. Pletzer war sich sicher, dass eine Blutuntersuchung keinerlei Hinweis auf eine Zugehörigkeit zu irgendeiner Rasse ergeben würde. Die Blutuntersuchung war nur ein Vorwand, um Gabi zurückzubekommen. Vermutlich hätte er sie nicht an der Universität München vorgestellt, sondern irgendwo versteckt.

Clip 16 Leo Hiemer liest aus seinem Buch „Gabi“: Auschwitz

Aufgabe 1

Gabi wurde mit den anderen Kindern und den Insassen der Heimanlage in einen Güterzug verfrachtet. Es gab dort keine Bänke zum Sitzen, nichts zu essen und zu trinken und kein Klo. Vier Tage und drei Nächte war Gabi mit diesem Zug unterwegs. Als er in Auschwitz ankam, wurden die Kinder zusammen mit den Alten und Kranken auf Lastwagen zum Krematorium II gefahren. Dort wurden alle in der Gaskammer ermordet und ihre Leichen verbrannt.

Aufgabe 2

In der polnischen Stadt Auschwitz gab es das größte deutsche Konzentrationslager, in dem Juden und viele andere für die SS und große Industriebetriebe wie die IG Farben unter miserablen Bedingungen arbeiten mussten. Über dem Eingangstor stand die Parole: „Arbeit macht frei!“ Dass im Lager viele Häftlinge starben, vor allem Juden, war beabsichtigt. Außerdem gab es dort noch das Vernichtungslager Auschwitz-Birkenau, das einzig und allein dafür gebaut worden war, um Menschen, vor allem Juden, massenhaft in kurzer Zeit zu töten und ihre Leichen an Ort und Stelle zu verbrennen. Etwa 900.000 Menschen wurden direkt nach ihrer Ankunft in den Gaskammern ermordet. Insgesamt kam etwa eine Million Juden im Lagerkomplex Auschwitz ums Leben. Über 200.000 von ihnen waren Kinder und Jugendliche. Bei der Befreiung von Auschwitz waren noch 416 Kinder bis 13 Jahre und 234 Jugendliche bis 17 Jahre am Leben.

Clip 17 Eine Gedenktafel zieht um

Aufgabe 1

Gabriele Schwarz, geboren 1937 in Marktoberdorf, gestorben 1943 im KZ Auschwitz. Die Mutter, jüdischer Abstammung, ging ihr 1942 im KZ Ravensbrück im Tode voraus. Gabrieles Abschiedsworte: ‚Betet für mich, ich bete für Euch‘. Erinnerungskreis Gabriele 1994

Aufgabe 2

Die Initiative für die Gedenktafel ging von vier Männern aus, die sich als „Erinnerungskreis Gabriele“ zusammenfanden. Sie wollten die Gedenktafel an der Kirche in Stiefenhofen anbringen. Um die Nachfahren der einstigen Nationalsozialisten und von Gabis Pflegefamilie zu schonen, wurde wohl auf die Nennung von Ort und Familiennamen verzichtet. Vielleicht sollte auch vermieden werden, dass ein schlechtes Licht auf Stiefenhofen fällt.

Leo Hiemers Film und Buch

Filmplakat „Leni ... muss fort"

Cover des Buches von Leo Hiemer

Leo Hiemer beschäftigt sich seit langem mit dem tragischen Schicksal von Gabriele Schwarz. 1993 drehte er den Spielfilm „Leni ... muss fort", der Gabis kurze Lebensgeschichte schildert. Der Film erhielt das Prädikat „besonders wertvoll" und zahlreiche internationale Preise.

Doch Gabis Schicksal ließ ihn nicht los. 2019 erschien sein Buch „Gabi (1937–1943). Geboren im Allgäu. Ermordet in Auschwitz" im Metropol Verlag, Berlin.

Impressum

Projektleiter:
Leo Hiemer
lh@geliebtegabi.de
www.leohiemer.de

Kuratorin:
Regina Gropper M.A.
rg@geliebtegabi.de

Gestaltung (Ausstellung):
Prof. Claudia Frey
www.bertron-schwarz-frey.de

Gestaltung (Katalog):
Dipl.-Des. Christian Schäfler
www.christianschaefler.de

Die Ausstellung wurde von der Bundesanstalt für Landwirtschaft und Ernährung im Programm LandKULTUR gefördert sowie von der Bezirk Schwaben Stiftung für Kultur und Bildung unterstützt.
Herzlichen Dank!
Leo Hiemer und Regina Gropper

gefördert durch:

Bundesministerium für Ernährung und Landwirtschaft

ptble
Projektträger Bundesanstalt für Landwirtschaft und Ernährung

aufgrund eines Beschlusses des Deutschen Bundestags

unterstützt von:

Bezirk-Schwaben-Stiftung für Kultur und Bildung

Wir bedanken uns herzlich für die Fotos und Abbildungen bei Resi Baumann, Elisabeth Embritz, Peter Sechehaye, Franz Häußler, Helga Abold, den Archiven der Erzdiözese München und Freising, des Fürstentums Liechtenstein, des Staatlichen Museums Auschwitz-Birkenau und des Heimatdienstes Oberstaufen, den Stadtarchiven München und Augsburg und dem Deutschen Historischen Museum, den FotografInnen Renate Deniffel, Alexandra Vogt und Christoph Morlok sowie Pia Mayr vom Stadtarchiv Memmingen.

METROPOL

© 2021 Metropol Verlag
Ansbacher Str. 70
10777 Berlin
www.metropol-verlag.de

Alle Rechte vorbehalten
Druck: buchdruckerei.de, Berlin